想太多也沒關係

人生幸福的思想指南

實戰篇

U0079753

Je Pense mieux

克莉司德・布提可南——著
楊蟄——譯

總編輯導讀

想太多的你，最需要花時間一個人獨處

是什麼樣的人天生擁有聰明才智，卻也飽受智慧之苦呢？這些人經常抱怨道：「自己想太多了」。他們沒有任何喘息的機會，即使在夜深人靜時，大腦也如跑馬燈般轉不停。這群人厭倦了自己不斷產生的問題與懷疑，然而讓他們感到更痛苦的是，活在現今社會中，由於自己的與眾不同，經常遭受他人的誤解而陷入孤獨。

作者認為想太多的人若能好好活用自己敏銳的感覺，反而能夠讓這些特質成為使人生過得更幸福的「轉折點」。這些想太多的人要花更多時間來面對自己非常敏感的知覺；若是想要善用自己的優點，就必須先利用一個人獨處的時間好好整理思緒和情緒。

過度謙虛也是一種不治之症，增加自信、鍛鍊「玻璃心」

想太多的人總是覺得自己有許多不足之處，就算他在別人眼中非常有才華，也有一定

的身分地位，但他們仍舊沒有自信。他們常認為自己沒有什麼了不起，如果說出自己的「成功事蹟」，自己就像是個隨時都會被逮到的騙子。所以他們經常陷入一種迷思——覺得必須不斷證明自己的價值所在。

這都是因為他們從小就活在一個無法得到他人理解的環境，遂而自己創造出「真我」和「假我」來過日子。他們深深地覺得自己沒辦法和別人一樣，所以一點一滴失去自信。

你必須透過訓練讓自己知道，當別人稱讚你，說你十分成功，那就是「真的成功」——你必須「接受自己很優秀的事實」。作者建議你在聽到別人稱讚自己時，除了急著否認，用「但是」這種反面字眼；不如練習學會說「謝謝」這種正面字眼來增加自信。

比起「能力高」，職場生活需要的是「會看臉色」

想太多的人大多都是非常有實力的人，但他們的職場生活相對較辛苦的情況也很多。這些「實力派」一直認為實力、公正、清廉是非常重要的價值觀。但與他們所想的不同，在現實生活當中，反而是那些無能又怠惰、只會拍馬屁、邀功、在背後搞小花樣的人才能成功。

事實上，對於想太多的人，他們無法理解在職場中，原來存在著「看不見的潛規則」

及「權力競爭」，他們只想把事情做對、做好，以為這樣就能夠受到重視。

其實，真正的實力派不但會破壞原有的做事節奏，還會打破原有的職場關係，更可能會影響到原本的標準。也正因如此，比起容易給人一種「優越感」的實力派，大部分的老闆或主管，總是比較喜歡做事能力就算不是百分百，但至少比較聽話、懂得圓場的人。

現在，對於想太多的人，重要的並非他們的「實力」，而是他們的「眼力」；有時他們需要適當地掩蓋一下自己的光芒。因為，有時候和同事相處時，要考慮的是對方的心情，而非做「正確的事情」。

為什麼你的戀愛會遭遇失敗呢？

這些人常常想，為什麼自己真心付出，卻總是情場失利？因為你的低自尊可能會成為戀愛時的致命傷。這類人大多會「對他人的細微關心心存感激」，容易被「需要自己幫助的人」吸引而萌生「想要好好照顧他／她」的感情。但是，你要知道，自己是在談戀愛，並不是在做心理諮商，也不是要當爛好人。

當你在感情中遇到迷惘時，你可以試著在心中詢問自己：「如果我非常珍惜的人或是好友，陷入現在這種狀況的話，我會怎麼建議他們？」

試著理解「一般人」都懂的人際潛規則吧！

你常會因人際關係而受傷或被朋友背叛。就算和其他朋友聚在一起，有時也會產生孤獨感；當遇到自己無法理解的情況，也總是與他人產生隔閡；對於種種情況發生不知該如何是好，所以總是處事小心翼翼，深怕自己得罪別人——這都是因為他們不知道在人際關係之中一般人所熟悉的「潛規則」。

你最嚴重的錯誤就是，以為別人的想法都和自己一樣。作者希望這類人能夠正視現實。在我們日常生活中，很多人是「披著羊皮的狼」；你不去驗證對方的人性，而是一開始就相信對方是誠實又正義的人，往往會步入陷阱而不自知。

想太多的人，總是會想站在正義和正確的那一方；所以他們無法理解，為什麼對他人而言，比起做正確的事情，更重要的是「顧好面子」。

自尊感越低的人，越希望自己的話是正確的。然而，人非十全之美。所以，比起正確的選項，運用書中的聰明祕訣，與他人相處更融洽、過得更幸福，對你才重要，不是嗎？

閱讀《想太多也沒關係——實戰篇》的法國讀者表示：「如果能早一步看到本書內容的話，自己的人生或許就能更早解脫痛苦。」希望這本書也能夠成為讓你改變人生的契機。

大樹林出版社總編輯　彭文富

Part Ⅱ

Part Ⅲ

前言：給因想太多而煩惱的你

《想太多也沒關係》續集《實戰篇》誕生的理由

我親愛的讀者，

這是我有生以來第一次以回信讀者來函的方式，提筆寫作。《實戰篇》的付梓，是聚焦於之前曾閱讀過《想太多也沒關係》（我的另一本著作）的讀者，根據他們的來函所撰述而成的作品。由於這些讀者們都已相當熟悉我之前所描述「大腦多向思考者」的內容，而許多的讀者期盼能出版《想太多也沒關係》的續集，因此有了《想太多也沒關係——實戰篇》此書的誕生。

我希望滿足你對自己滿滿的好奇心！

回函讀者的寫作方式，對我來說，是個新穎的創作寫法，因此我不禁有了一股特別的感覺：既期待又怕受傷害。說實在的，我真的有好多事想要告訴你們，我真的希望我的書能夠幫助你們。即使現在我算是夠了解「大腦多向思考者」，但由於你們擁有強烈的好奇心，對於每件事都抱有很深的期望，還要求專業的深度，我擔心本書的內容，還是無法完全滿足你們的期盼。

因此，我對《想太多也沒關係—實戰篇》的期許是：

首先，我希望本書能抒解你對了解自己的渴望。

第二，我會提出許多尖銳的問題，讓你的大腦思考，激盪火花。

同時，我也很清楚你們會將本書所有的內容，一絲不漏地烙印在腦海裡。當你閱讀《想太多也沒關係——實戰篇》時，你多愁善感的情緒會不時竄出。相信閱讀此書對你而言會是一大挑戰！

集合想太多的讀者的各種心得和提問！為你們一一解答

《想太多也沒關係》出版後，開啟了許多讀者的大腦歷險旅程，獲得相當大的迴響共鳴，佳評如潮。我必須很誠實地說，在我著作的生涯裡，從來沒有收過這麼多讀者的來函，如此受到大眾青睞。這些讀者的回饋，像是電子郵件、手機短訊、信件，還有明信片等，如雪片般地大量飛來！自從出版了《想太多也沒關係》後，每週我至少會收到十封以上的讀者來函，他們針對該書的內容給予回饋並提出建議、問題等。令人驚訝而且難以想像的是，如果我將截至今日的所有來函，整理並列印出來，堆疊起來都比《想太多也沒關係》這本書還高了！

由於你們的熱情回應，首先我必須表達對你們的感謝之意。讀者們花了很多時間寫信給我，分享你們的遭遇，傳遞你們真實的情感。在此同時，我也感到非常抱歉，無法一一回覆你們的來信。由於一直收到讀者來函的郵件，不得不將舊有的郵件推往上頁或上上頁……可想而知，你的郵件也就消失在我的電腦螢幕上了。不可否認的，我是淹沒在無數的新舊郵件當中，而且一直沒有找到管理電子郵件的優化功能。當然你們的每封來信，我都仔細閱讀了，但我無法用細膩的筆觸，一一回覆給每個讀者，實在很抱歉。在收到你們來信的同時，我也正準備撰寫給所有讀者的長信《實戰篇》。因此，我相信你們可以理解我的兩難！

這本書是讓你重生的禮物

你們的來信當中，我充分感受到你們的真誠、善良、熱情與活力。有的讀者在信的一開頭便稱呼我：「親愛的克莉斯德[1]」，有如你們用雙手大力擁抱我，給我來個熱情的吻頰禮……當然，你們也分享了痛苦的遭遇，你說：「這些年來我遭受到的磨難，終於在今

1法語Cher(ère)＋人名，限用於關係親近的人，如朋友或家人。這裡讀者使用Chère Christel稱呼作者，即是把作者當做家人或朋友的看待，是將彼此關係拉近的情感表現寫法。

天了解了！我彷彿重生了。」有些人在郵件中訴說他們的困境：「感謝您及時伸出援手，拯救瀕臨自殺邊緣的我！」這句話深深地觸動了我。而我也必須感謝你們，與我分享你們的生命歷程，有的人提到自己心智迷失的情況（信裡述說了好多頁……）。通常在信的結尾，你們總會提出一連串的問題，將我淹沒……還有的讀者，在閱讀《想太多也沒關係》後，直接來到我的辦公室，想要進一步地了解自己。因此，在這樣的訪談過程中，我都以《想太多也沒關係》的內容為架構，雙方進行討論：用你已了解的自己，更深地探索你內心的機制。

在討論的過程中，我們雙方會共同提出相關的假設，一起證實該假設或推翻掉它。因此在諮商的進程中，我總是佩服你們驚人的創造力：因為你們會透過自己的發現，有效地建立出一套務實的解決方案。但無論如何，我都必須說：「我真的很高興，能與你們一起共同探索你那令人驚嘆的大腦！」

你還在懷疑自己是不是大腦多向思考者嗎？

有些讀者希望我能提出關於「大腦多向思考者」的科學理論解釋。當然，我能理解他們希望我提出解剖大腦的醫學證據。在《想太多也沒關係》一書中，我曾使用大腦神經元的科學證明及DNA基因的排序等醫學研究，來解釋「大腦多向思考者」。然而，這些人還是期待我能提出一個百分百的測試方法來證明：「對，毫無疑問你就是『大腦多向思考者』。」有時這些人聽完我的理論後，會帶著狐疑的眼光看著我說：「為什麼你單憑我們這次的會面，聽了幾個重點後，便馬上告訴我說：『你不是屬於一般人的思維』？」但我如何解釋你們大腦的思維模式就像是在思想叢林裡的狐猴，到處穿梭跳躍呢？你們念頭的瞬間移轉就像是在球桌上來回彈跳的乒乓球一樣！我經常覺得自己得像個植物學家，得向你們證明：我手中的橡子，真真實實是從橡樹上掉下來的道理一樣，如此難以解釋。

那麼，我要用什麼理論來解決以上適理性的問題呢？放心吧！我什麼理論都沒有。也正因如此，我以不同的角度來處理這問題。我個人專精的心理諮商領域，是個人成長與人際關係溝通，因此我不以任何病理學的角度，與你交流；而是透過我們之間的互動、對談，分析你個人的特質。

以我20多年心理諮商的臨床經驗為基礎

我在提筆寫《想太多也沒關係》之前，已經累積許多諮詢的案例，而我的專業即是傾聽諮詢者、觀察對方並記錄下來我們之間的談話內容。最後，根據談話內容予以分析研究，並將許多個案總結數據，交互比較、分類整理，最後形成我的結論。其實我所使用的研究方法，就如同其他社會學者所採用的研究方式是一樣的。他們將一般的對話內容，集結成研究材料，並非有意地去尋找「有深度品質的訪談」的對話。而二十年以來，我每天所從事的工作就是有深度品質的訪談！事實上，「我想太多」這句話是從你們的口中說出來的，我所扮演的角色只是將你們的思緒撰寫成冊而已。正因為如此，當你從閱讀《想太多也沒關係》的第一頁起，到最後一頁為止，對於書中所描述的「大腦多向思考者」，你一定感到再熟悉不過了。

幫助想太多的你更了解自己

而我在《實戰篇》此書，所做的工作是：再次傾聽你的話語，分析你敘述的內容，然後向你提出問題。從每一封的讀者來信中，我盡量地了解你們，分析你們。當然，我也聽到你們的質疑，你們的憂慮。透過你們的大量來函，我詳盡地記錄研究，形成本書的目的——大家共同找出解決之道。《實戰篇》是由你我共同參與，撰寫而成；因為絕大部分的內容，都來自你們熱情的回饋。因此，我再次感謝你們對《實戰篇》這本書出版的貢獻。

但弔詭的是，即使《實戰篇》是你們的故事，但我仍希望透過我的寫作分析，能讓你們驚豔，成為你源源不絕思緒湧泉的鑰匙！不同於在一般書籍文章中所描述的「大腦多向思考者」，我希望你們用特別的角度看待自己：讀者中有自閉症傾向的人、有失去雙胞胎兄弟姐妹的人或對神祕宗教、量子物理學、黑猩猩有興趣的人，大家以不同的角度來探討「大腦多向思考者」。如果還想加深不同面向的「大腦多向思考者」，建議你們參閱本書所列出的參考文獻，幫助你們更加了解自己。

《實戰篇》書中也會回答大家所關心的問題，例如：過度情緒化的表現、在工作上及愛情裡的態度、人際關係等等……對了！還有一些你們忘了提問的問題，例如：對金錢的態度、對社會的基本責任，人際關係中的互惠原則等。

章節順序是我精心安排的，請按頁閱讀！

就如我之前的每一本著作，《實戰篇》的每一章節間都有接續關係，相互連結，也是我精心安排的閱讀順序。請你跟隨著我的腳步，一步一步地往前邁進，更加認識自己。但其實我也知道有一些讀者，早已經耐不住性子，正在翻閱其他章節呢！

當你開始閱讀本書之前，我再次向你們致上我最深的謝意，感謝你們對我的信任，繼《想太多也沒關係》之後，《實戰篇》能再次放在你們手中。我實在有好多好多的話想告訴你們！別再浪費時間了，讓我們一起展開自我療癒之旅吧！

Part Ⅰ

想太多的你並不孤獨，用不停歇的大腦快樂生活

1「總是想太多」的讀者的信

「這就是我的故事！」

布提可南女士：

能夠提筆寫信給您，實在是我個人的榮幸。當我在網上搜尋您相關資訊時，沒想到您將個人的聯絡資料公布在您的網站上。因此，我很高興有這個機會能與您聯繫。

二〇一二年夏天，某家知名經銷書商提供我一系列的出版目錄。我不經意地在推薦書單中，瞥見了你所撰寫的《想太多也沒關係》。

我今年二十四歲。從小開始，每當身邊的人要阻止我繼續發問時，他們就會回一句「你想太多了」來打斷我的問題。當我聽到這句話時，我的內心莫名湧出一股他人無法理解我的難受感。因此，我也就漸漸地開始懷疑我的智力……。

我在書店裡，大概瀏覽一下書中的內容後，一時興起買下您的著作《想太多也沒關係》。但您曉得嗎？在短短一個禮拜之內，我便讀完整本書了！我必須承認這本書對我而言，是扮演啟蒙者的角色，開啟了自我學習的旅程。隨後，我便開始在網路上搜尋有關您的資訊。難以置信的一件事：讀得越多有關於您與諮詢者的對談分析，我越覺得您是在對我說話。因此我開始向身邊人推荐您的大作。我很喜歡您定義「大腦多向思考者」的一句話：「腦中有無數的念頭盤踞流動」。我跟一群朋友們組織一個讀書會，而這群朋友們都具有極強的「自我思考」能力，喜歡分析事理，實事求是。然而，當他們閱讀《想太多也沒關係》之後，只聽到他們的負面評價：「我覺得這本書就好像談星座、血型這類型的書。它所敘述的內容就是能讓你辨識出自己是屬於怎麼樣的人。之後，你就覺得好像真的了解自己了。你不認為這是一個邪門歪道的論述嗎？」

我可以想像當你讀到以上的文字時，你正會心一笑。

總之，我這幾個月以來，不斷問自己：「我真的是如您所說的『大腦多向思考者』嗎？」有一段時間，我壓抑自己，不要為自己貼上這標籤。但後來，我終於可以接受您在我身上所描述的特質，貼上這標籤，自我辨識：用另一種角度，檢閱自己的樣貌。突然間，如您所說的，我感覺到自己是來自另一個星球的人。而我在鏡中，看到了自己的同類。

今天，除了我往後退一步，觀察自己以外，我也問自己：「我是不是真的想太多了？」因為當我對朋友提到您書中的內容時，有的人回答：「啊，可是你知道嗎？我也是這樣耶！我想好多，頭腦一直轉不停，有時候，我真的好想它能稍微休息一下！」

因此，根據以上的對話，我衍生出三種假設：

第一，有可能當我向朋友說明您的書時，解釋不清楚我的想法。

第二，有可能這些人都是「大腦多向思考者」（但我也懷疑這假設。因為果真如此的話，那這社會上到處一堆「大腦多向思考者」）。

第三，有可能我根本就不是「大腦多向思考者」，是我個人錯誤解讀了您的文章，自己對號入座。

另外，我還想跟您說一件事。當我標示自己為「大腦多向思考者」時，心中的那塊大石頭終於放下了，感到終於有人理解我了，而且我還不是單一個案。但我自己有個缺點，在待人接物方面，會表現出輕蔑傲慢的態度。我想因為自己本身意識到擁有較高的智力，因此便有聰明反被聰明誤的情況產生。但是，我每天都在一點一滴地改善當中。我現在遇到的問題是：讀完《想太多也沒關係》後，我的大腦還是無法經常保持冷靜。請不要認為我是個目中無人，自以為是的女生。恰恰相反的是，我是一個非常慷慨、利他的人，但常擔憂（有點太過頭）別人幸福的人。

剛剛我提到個人的缺點，就是看輕別人，自恃傲物。因此，我只跟那些務實認真的人玩在一起（這與他們的教育水準無關）。我不跟不聰明的人做朋友，我覺得沒有必要把時間浪費在這些人身上，我發現他們永遠都不明白我說的話（相信我，我試過好幾次）。我認為這些人好像身上缺少某種「重要的東西」，使得他們無法敏銳地觀察這世界，也缺乏反思的能力去分析周遭的人事物。而我認為這世上充滿各式各樣的人，還有奇妙的事物等待著我們去發掘。

理所當然，拜讀了您大作後，我與我那些笛卡爾[2]信徒朋友分享《想太多也沒關係》這本書。我的朋友們說：「哇！你上癮啦！把你的時間花在交友聚會上吧！別為了一個嬉皮理論，虛擲了你的生命。你想太多，扯太遠了！」謝謝你們，我的好友們！所以您了解吧！當我分享您的見解時，我的好友們會把我當作瘋子來看待。如果我未讀過您的書，我相信我會接受他們的論調。但現在，我覺得自己已經跑在這些「一般」朋友前，拉出很遠的一段距離了。自此之後，我的嘴巴閉得跟蛤蜊一樣緊，不再討論您的書了。

2笛卡爾（René Descartes）十七世紀法國著名哲學家、數學家及物理學家。笛卡爾信徒強調的是，以理性的思考，嚴謹的態度，標準化的行為，做為個人行為處事的態度。

您在書中提過我們這群人有較高的智力，較高的情緒智商。說實在的，我真的很想測試一下「智力測驗」……因為我小時候，常有人說我很「特別」，我會把這句話當做是我「非常聰明」的意思。然而有一天我突然心血來潮，大概看了一下智力測驗的題目，我的好奇心嘎然而止。因為我什麼都看不懂，好像撞到了一道牆！

如您所了解的，這些智力測驗的題目都是邏輯推理的問題，我所說的笛卡爾式觀念，就是一堆「數學」問題！然而實際上，我的邏輯推理與數字能力真的都很弱（在日常生活中，我的心算能力很差），簡直就是我的剋星。所以大家都認定的「智力測驗」，到底是什麼呢？我不禁對自己說：「這就是他們所說的聰明才智？那好了，我連題目都看不懂，我到底算什麼？」

我真的非常沮喪，因為，我知道在我的內心深處，一直存在著一個很特別的東西。就是這特別的能力，能讓我不斷思考，讓我覺得自己是屬於「大腦多向思考者」這類的人。

我真的是二十四小時不斷地思考。但實在太多了！我可以在同一時間內，問自己好幾個不同領域的問題，而且從早到晚都是這種情形，如同我在同一時間內，可以打開許多不同的網頁視窗。有時，連我自己都受不了自己。

還有，我可以真實感受到我對他人的同理心。當一個人告訴我他不幸的遭遇後，我感受到太陽穴的神經在跳動，我會把他的問題當成是自己的一樣。有時，甚至回家後，自己還花好長的一段時間思考如何解決他的問題。然而，令我覺得奇怪的是，我常關心的是當事人本身而非事件的經過，而且我還相信自己有辦法能解決他的問題。因為假如我不替當事人想辦法的話，我整個人感覺會更糟糕，會非常內疚，認為我自己太過自我中心了。所以，我一直受到這種不可以自私的感受折磨。

當我第一次與某個人見面時（甚至之後再見面），我都是從頭到腳審視對方，也就是說我開啟了個人的「掃描」模式，當我禮貌性地與對方握手，自我介紹的時候。同時，我的大腦就開始會問自己一些可笑的問題：「啊！她的手指上有晒黑的痕跡，她是不是剛度假回來？可是現在是三月啊！我們這裡三月的時候，是不會有大太陽的啊？所以，她應該不是在這裡晒黑的！那麼她應該是去國外旅行！那她的經濟能力應該是不錯，才能到海外享受陽光，或者她任職的公司福利很好喔！對了，她手指上還有戴過婚戒的痕跡！為什麼她現在沒有戴？她為什麼離婚呢？或許她先生過世了……，假如不是這樣的話，又是誰離開了誰呢？又為了什麼呢？她跟她先生分手之後，自己一個人怎麼過活呢？」在短短一分鐘內，我的腦中就閃過以上無數的問題了。

我只是舉了一個日常生活中常發生的例子，您可想而知我每日的生活。有時候，當這些無數的自我問答題不斷地盤踞在我腦中時，我真的很想大聲狂叫：「我真的不行了，整個人快累垮了！」並喝止另一個我馬上停止思考。但自從我拜讀了您的大作之後，整個人進步了很多，得以舒緩個人的情緒，不然我真的會發瘋。

布提可南女士，感謝您抽空閱讀我冗如小說般長的信件。由於我大腦不斷發想，讓我覺得自己是來自另一個星球的人或是一個瘋狂的人。但您，是一個真正能夠幫助我的人。

祝您一切順心，再次感謝您的撥冗閱讀。

向您致上最高深的敬意。

愛美莉

愛美莉的郵件，是眾多讀者來函中最具代表性的信件。因為她大致總結所有讀者來函的內容。因為你也希望能像她一樣，寫信給我，不是嗎？還有，愛美莉郵件的長度是在眾多郵件中屬於比較一般的篇幅。所以，你現在也明白了為何我回信的速度不快的原因了吧！

有時你們的來信中，很坦白地表示：「有關於這個主題，您了解短短五行字是無法表達我的想法……」；「然後，我就是想得太多了，說得太多了……對不起！我得向您表達數百個道歉，因為我告訴自己不要寄一本小說給您。因為我想您早已讀過上百封像我這樣的來信了。所以，我就停筆於此！」然而，經常發生的情況是，讀者寫完以上的字句後，又再多寫十幾頁。還有些讀者來函，寫道：「我不知道您是否會回覆我的郵件，或者可能沒有時間閱讀我的信件。但無論如何，能將我的感覺用文字書寫出來，我真的感到很舒服。」

但有時你們也會讓我生氣：例如，由於你們太過積極，太沒耐心，讀了《想太多也沒關係》前幾頁後，便馬上寫信來問我數百個問題。賽巴司由此為最：他說他讀了《想太多也沒關係》一小時後，便立即寫信給我（說他想幫我重寫該書的結語！）在我看來，或許你們早已習慣用之前你們尋找重點的方式來閱讀本書。因此，你們無法對於我所描述的「大腦多向思考者」有完整的概念，因為你們才瀏覽該書的一些篇幅而已。但我了解你們，所以在《想太多也沒關係》的引言中便說明：希望你們可以按照我安排的章節依序閱讀，避免產生一知半解的情況。

我還發現你們有些一點小小的偏執（尤其是當我們在Facebook上交流時）。當我與你們的對話產生衝突時，我會微笑以對。那是因為我知道你們是一群超敏感的人，如果我持續爭論下去，你們可能早就傷痕累累了。你們其中有些人，對話反應速度超快，我連生氣都來不及，只能嘖嘖稱奇你們驚人的大腦！總而言之，我認為我們之間擁有無法想像的溫暖與相知相惜的關係。閱讀你們的來信、聽你們的分享，以及與你們在工作坊相遇，都讓我非常開心。謝謝你們的分享、你們的善良、以及你們所散發的熱力與喜悅。我真的很幸運擁有一群像你們這樣的讀者！

我想以下的回函簡訊，可以算是對《想太多也沒關係》一書很棒的總結。

克莉司德，

我希望您一切都好。我只是想與您分享我剛剛收到的簡訊：「我非常感激你，但我同時也很恨你！您推荐我讀的《想太多也沒關係》這本書。我剛剛才讀完，這的確是一個非常充實的閱讀旅程，但也非常痛苦。在這本書的許多文章段落處，我哭了好幾次……但我對這本書的結論依然是非常正面的。所以，非常謝謝你。」祝您有個美麗的豔陽夏日！

亞莉珊

給美麗的大腦多向思考者

《想太多也沒關係》與你們的相遇，大部分有兩種狀況：一可能是經由親友的推荐或有人贈送《想太多也沒關係》給你；二或是在某個機緣下看到這本書。以上也就是大部分讀者發現《想太多也沒關係》的經過：你們描述一段很長的故事說明與這本書相遇的狀況。有人說是一個偶然的機遇下，隨意拿起《想太多也沒關係》，順道讀了書中一段的文字。當下你覺得那段文章對你很適用，能夠啟發引導你。我真的很喜歡這樣的巧遇！

有一段時間，不斷有人寫信告訴我，你們的醫師或治療師建議你，甚至規定你閱讀《想太多也沒關係》。我實在很感謝這些醫師與治療師對我的信任，以及他們開放的態度。我不僅為此感到自豪，也很高興我的著作能在心理專業領域中，成為一種治療的管道。

如同亞莉珊的朋友，她說自己閱讀《想太多也沒關係》一書時，情緒排山倒海而來，淹沒了自己。我相信你們都哭了，也都笑了。這種悲喜交融的心情，其中也夾雜了不少痛苦與舒緩的感覺。《想太多也沒關係》不僅帶給你們巨大的震撼，而且也帶來正面積極的啟發。你們當中有人就寫道：「《想太多也沒關係》正解救處於自殺與瘋狂邊緣的我。」因此對於有些人來說，《想太多也沒關係》就像是個救生圈援救瀕臨溺水之際的你們。我真的很高興能夠幫助你們！你們的每個謝意都直達我內心深處。我相信絕大多數的你們，打從一開始閱讀《想太多也沒關係》的第一行到最後一行為止，彷彿一直都有一種似曾相識的感覺。

而這種「似曾相識」的確定感，實在令人印象深刻。當一位讀者拿起《想太多也沒關係》閱讀時，會有兩種狀況：要不就是你毫無感覺，要不就是你感受深刻。你們說從來沒有一個作者，能夠辨識你們的存在，並且如此了解你們。當中還有些人為此感到非常介意，因為被人如此看穿，如同將你這個人完整掃描過一樣。但總體來說，你們還是很高興「終於」有人能辨識你們的存在並且能理解你們。甚至有的讀者會說，我書中所提及有關於「大腦多向思考者」的特點，他只有部分符合我的論點，但有部分並非完全符合。我聽完後，假裝很驚訝地回說：「啊！那你覺得是哪些點不符合呢？」令我覺得有趣的是，其實這些人的答案都是一樣的：「說實在，《想太多也沒關係》從頭到尾的說明，我都認可，但就是有一點我無法苟同，那就是關於『大腦多向思考者』智力高超的部分。」啊！

原來是關於「大腦多向思考者」智力的部分。會的，本書將會深入探討這一部分。

我有一股錯綜複雜的感覺：當您確認了我天生擁有超感官能力時，我因此而釋然，感到自由許多，覺得能夠暢所欲言。

像你們當中的許多人，凱洛寫道：「我想跟您談談有關於《想太多也沒關係》第七十四至七十七頁所提及的神祕體驗。我知道您沒有過多的著墨，但我可以向您證實我的確遇過許多神祕體驗，例如：可以讀出對方的想法、與大自然溝通、有第六感，還有在天空中看到光環及展現的能量（可能是藍色或灰色）等。同時，自己也會感應到存在於另一個空間的物體，自己的前世記憶等（特別是有關於埃及與木乃伊的事物）。所以，謝謝您還是提及了有關於神祕體驗的主題。因為這一切對我而言，都是真實的。我無法否認它們的存在，這些經驗的確是屬於我實際生活中的一部分。

這些「介質」曾經幫助了我一段時間，而非那些心理或精神科醫生。因為這些人會診斷你是個有幻覺或是自戀傾向的人。但對我來說，我相信我所看到的這些景象必定與大腦功能有關。（我也看過吉兒・保得泰勒的演講。）

當我描述你們的五官具有高度的靈敏性時，你們馬上跳了起來，興奮地對我說，在你們的生活經驗中，的確感受到由於高敏感度的五官而接收到大量訊息的經驗。若以正向的角度來說明你的經驗時，我希望你可以鉅細靡遺地說出這些感官帶給你的所有感受，你將擁有屬於自己獨特的觸覺、味覺，視覺等經驗。但擁有高敏感度的五官也會為你的生活帶來過多的壓力與不舒適感（例如一般人而言，可能不覺得餐廳裡的音樂開得太大聲，但對你來說，可能是魔音穿腦），使得身旁周圍的人對你無法理解，當你是個難搞的人。有的「大腦多向思考者」會用文藝的詩詞表達你們擁有高敏感度五官所帶給你的感受。你們當中還有些人告訴我，你們可以感受得到空中的靜電或下雨過後，空氣裡瀰漫著負離子的感覺。也有不少人問我，五官的高敏感度是否性也可以解釋「大腦多向思考者」對於一些電子產品的高度敏感性，如微波爐、Wi-Fi電波或手機電磁波等。這點我是同意的。顯然地，我並沒有科學證據可以佐證。

在後面的章節中，將會詳述關於「大腦多向思考者」缺乏自信心的原因及結果。以及在愛情、工作及現實生活社會中會遭遇到的困難。你們問了我許多問題，我想我也許可以提供某些答案讓你們參考。

然而，除了接收到讀者來函所給予的正面肯定以外，其實來信中還會討論到兩個問題，那就是「一般人（normo-pensant）[3]」對於《想太多也沒關係》這書的想法，以及心理操縱者與「大腦多向思考者」的關係。

有關於「一般人」的思維，你們當中的許多人會興奮地告訴我，你們終於知道那些「一般人」的大腦是如何運作了。《想太多也沒關係》的確幫助了你們與「一般人」溝通交流，也使得你的人際關係更和諧。還有一些人認為我使用「正常人」一詞，來說明「一般人」的思考方式，有貶低你們這群人的意思。但這樣的想法實在讓我吃驚。我無意詆毀你們。我之所以稱「一般人」就是「符合於常規思維」的人，只想要表達的是這些人思考方式是「正常的」概念，也就是說思考模式符合大眾標準規範之內。自閉症者稱這些「正常人」是「神經典型者」。我了解你們對於字詞講究的要求。如果使用「正常人」一詞，對你們有所貶抑的話，我們可以改稱「神經典型者」。就我而言，一個單詞的解釋，本來就可以用正面或負面角度來闡釋它。今天，你們的手中握有一把可以打開「思維」的鑰匙：終於你們可以了解自己，也可以了解「一般人」的想法。我衷心地期盼有這麼一天「一般人」會很高興地說：我終於解碼了「大腦多向思考者」的思考模式了。但令人難過

3法語（normo-pensant）可譯為一般思考者或正常思考者。但譯者選擇譯為「一般人」，即是避免使用「正常人」該詞彙，會將「大腦多向思考者」指為是不正常的人。譯者也認為使用「正常人」，有貶抑「大腦多向思考者」的意思。

的是，現今的狀況並非如此。

記得愛美莉的來信寫道：「我跟一群朋友們組織一個讀書會。而這群朋友們都具有相當的『自我思考』能力，喜歡分析事理，實事求是。然而，當他們閱讀《想太多也沒關係》之後，只聽到他們的負面評價：「我覺得這本書就好像談星座、血型這類型的書。它所敘述的內容就是能讓你辨識出自己是屬於怎麼樣的人。之後，你就覺得好像真的了解自己了。你不認為這是一個邪門歪道的論述嗎？」

不是的，愛美莉，《想太多也沒關係》不是一本邪門歪道的書，我也不是一位巫婆。與愛美莉發生同樣的狀況，澤維爾他也聽到了「一般思考者」對於《想太多也沒關係》的負面評價。他說：「其實當我開店做生意，跟客人閒聊時，我馬上可以辨識出對方是位『大腦多向思考者』或『一般思考者』。其實方法很簡單，我只要提及您的書！如果對方是一位『大腦多向思考者』的話，我的談話內容會讓他倍感興趣，接下來他會用數百個問題來轟炸我。如果對方是位『一般思考者』的話，通常換來的只是一陣冰冷的靜默。假如這時突然下雨了，這位客人會馬上改變話題。」有些屬於「一般思考者」的媽媽或妻子寫信告訴我，當她們閱讀了《想太多也沒關係》，便可以漸漸地理解她們的先生或孩子。她們甚至會寫信來問我如何「管教」她們的親人！有兩位「一般思考者」的先生很愛「大腦多向思考者」的太太。寫信說道，當他們讀完《想太多也沒關係》後，我的文字讓他們很痛苦。因為在書中我提到一旦「大腦多向思考者」與「一般思考者」相處在一起時，「大腦多向思考者」經常會感到對方非常單調無趣，甚至會對這樣的相處情形感到難過。當然，這兩位「一般思考」先生們非常讚嘆他們多向思考的太太，腦筋動得如此之快，不時有新的創意；還有她們的聰穎善良，更不在話下。但是，他們也得忍受超級情緒化的另一半、忽高忽低的心情起伏，以及永無止盡的擔憂。顯然地，我對於這兩位先生的感受，感到抱歉，也許我的說明尚未完全，使得你們倍感沮喪。但事實也證明這兩位「一般思考者」先生愛妻之深的程度。由於他們擁有開放的態度，才會閱讀《想太多也沒關係》想多了解他們的伴侶。因此，我認為他們的「一般性」，會給婚姻帶來一股穩定和諧的力量，勝於另一半感受到的無聊情緒。同時也希望當「大腦多向思考者」與「一般思考者」的夫婦閱讀完本書後，可以展開建設性的溝通，彼此討論，互相修正自己的行為，而非彼此雙方選擇劃下結束句點。

但大致來說，你們會據實地對我說「一般思考者」讀到《想太多也沒關係》後的回饋反應。老實說，很少有「一般思考者」的讀者會閱讀本書。顯然地，非常少的「一般思考者」會意識到閱讀《想太多也沒關係》，如同拿著一把鑰匙開啟認識「大腦多向思考者」

的思考行為。大多數「一般思考者」看待此書的態度，要不冷漠以對，要不就是帶有懷疑。他們認為《想太多也沒關係》是一本占星或宗教派別的書，或是一本智慧妙語或蠱惑人心的書，其實這就是一本討論「思考行為模式」的書而已。

與此同時，今日我們也見到社會上被診斷出過動、無法集中注意力、憂鬱、躁鬱等患者數目逐年增加。然而當大眾過度消費以上的醫學名詞時，我們也忘了仔細檢視這些患者真正的本質。近年來，關於研究超高智力者、高度情緒化或過度敏感者的研究文章發表如雨後春筍般地出現。其中不乏充滿了陳詞濫調的評論，或有的人只是解釋一些顯而易見的情況，其文章主題的重複性，令人開始覺得厭煩。

其實一旦開始討論「思考行為模式」這主題時，對「大腦多向思考者」來說，便會感覺到自己被醜化。在神經學上來說，大腦功能並沒有被證明：左右腦的概念是過時的……然而，那些有誦讀困難者、自閉症者或超高智力者、XX障礙者等，這些都是尚未被深入開發研究的領域，至今仍沒有強而有力的研究指出「大腦多向思考者」所呈現出的全貌。相反地，這群人在病理學上的學名，卻是百家爭鳴，各吹各的調。更糟的是，透過這些專有醫學名詞的推波助瀾，過動兒、憂鬱症或躁鬱症等名稱讓大家耳熟能詳。因此，你會發現社會上還是有許多人不了解「大腦多向思考者」所呈現的樣貌。然而，「大腦多向思考者」專有的標籤：「仁慈善良」卻被心理操縱者發現了。他會利用「大腦多向思考者」的弱點，加以濫用，來掌制對方。就像在一張破碎的鏡子面前，「大腦多向思考者」看到的是千千萬萬的你。又如同「大腦多向思考者」的影像投射在萬花筒上，因而呈現出千變萬化的形象。「大腦多向思考者」的樣貌，每個人呈現的方式，各有不同。

而今日，我們便要畫出「大腦多向思考者」的輪廓，以完整的樣貌呈現。「大腦多向思考者」所需要的是一面完整的鏡子，才能看清自己，而非千百個破碎的鏡片。然而，今日科學領域的研究，專業人才主要以左腦使用者為主，因此這也就是我們的問題所在。

最後，我想與你們分享愛美莉來信中後段的文字，其實也是該郵件中最引人注意的部分：

也就是說，我覺得「大腦多向思考者」這主題，我們可以花好幾個小時討論不同面向的「大腦多向思考者」，他們之間細微的差異，我相信這些人是有許多的特別之處。**但尤其讓我感到訝異的是，您書中談論到「心理操縱者」的部分**。您不斷地重複說這些人如何的惡劣、內心是如何的空洞，不要期望我們改變他們。我覺得您的態度，就好像是中古世紀那些專門迫害女巫的人。我實在不明白您為何要大力斥責這些人，因為我們大家都是從相同的模子所製造出來的。就如吉兒・保得泰勒所說，不會因此有人可以突然改變我們的習慣及觀念。所以，我真的看不出來為何這群人骨子裡是如此的殘忍與危險。根據我的經驗告訴我，這群人會沉溺在自以為全能與優勢的想像中。但我不認為他們的身心靈是幸福的，至少是在他們有意識的狀態下。這也就是為什麼我無法想像有人天生下來就擁有劣根性。我每天都會遇到一些讓我感到難過及挫折的人……。

但成為一個「心理操縱者」，通常不是單一的原因所造成的，有許多可能性在其中（也許是千千萬萬的可能性，但我們大家都不確定）。例如，當事人受到教育體制或社會文化的創傷等等；又或許是遺傳因素、本身莫名的恐懼、無法理解對方；也有可能是自我關係的衝突或與其他人的人際關係複雜等；或是個人無知、擁有太多的卻望或巧遇陌生人、人生機遇等的情況。因此，有時成為一位「心理操縱者」是綜合以上所有的原因而形成的。或根本就是與我以上所提的因素一點都不相干。我們無法完全證明「心理操縱者」是由於什麼原因形成的！而且沒錯，我還可以跟您確認一件事，在我的眼裡：您才是「惡劣」的（我加引號的原因是因為我不認為您是真正的惡劣），但其實也是暗示在這世界上的確有惡人的存在。所以，我並不明白您為何能如此輕易地妄下結論，論斷對方。別忘了，您也有可能了解的太少了。

我知道我說的話有點刺耳，但也確是我的肺腑之言。因為我對您率性膚淺的結論感到難過，如您在《想太多也沒關係》提到：「所以當一個『大腦多向思考者』行為表現非常惡劣時，那他必定是非常不快樂；但即使他非常不快樂，也不會表現到令人髮指的地步。但心理操縱者總是非常惡劣，甚至殘酷的。他們非常享受為非作歹的樂趣，而且並非所有的壞人都是不幸福的。」如果我試著總結您以上的話，也就是說「大腦多向思考者」都是屬於善良脆弱的一群人，而且他們無法保護自己。因此有一群「心理操縱者」趁機介入，傷害「大腦多向思考者」嗎？我很訝異您的說法，同時也絕對不同意您的見解。因為我自己，經常發現自己說的話非常「惡劣」，很酸很衝，也很容易惱怒別人。所以您也知道說這樣話的下場。然而，我很快地會意識到自己過分的行為。當然，也為此懊悔不已。事件發生後，回想我之所以說話那麼衝的原因是因為這是一種自我防衛的機制，我也同意這是一張很爛的盾牌。同時，我也很清楚地知道並非所有的人都像我一樣這麼的幸運，懂得分析自我的行為舉止。

在此，感謝您所做的一切努力！

向您致上最高深的敬意

正如我所言，我的專業是人際溝通與協商。因此，我的專長是研究人群，不只研究傳統古典的科學心理學的人性，而且還研究人與人之間的相互溝通。尤其是受到「心理操縱者」掌控的「大腦多向思考者」特有的樣貌：善良仁慈、渴望學習、擁有堅忍的毅力等……他們可不是泛泛之輩啊！但是為何如此善良的人會被邊緣化？為何？二十四歲的年輕女孩愛美莉，她會有一輩子的時間去理了解我所說是真實且正確的。親愛的愛美莉，我能如此「輕易」斥責那些心理操縱者，是因為我對這群人已經研究二十多年了，也相當於你的年紀。也因為我多年以來，一直諮商這些被操縱的受害者，深知這些人險惡卑劣的行為。所以，讓我再說一次，假如我手中握有一顆橡子，而愛美莉回說：「我這人很壞心，因為我說這些橡子是從橡樹上掉下來的。」我沒有話好回答她，因為我不知道要對她說什麼。但是，我很擔心，因為她所表現出來的行為樣貌，正是「心理操縱者」完美的獵物目標，甚至可以說她正是許多獵捕者所覬覦的對象。

所幸的是，並非每個人都是完人，我們生來都有優缺點。相信在閱讀《想太多也沒關係》之後，身為「大腦多向思考者」的你們，將能重新拾回與生俱來的善良與熱情。

感謝這麼多讀者來函鼓勵，讓我們一起繼續探索「大腦多向思考者」。其實也得益於你們的聰穎與創意，我們才有這個機會再共同開啟後續「大腦多向思考者」的意涵。所以，謝謝你們！現在讓我們一起腦力激盪，一起想想我為你們專屬打造的建議提案。

2 精神層面過於活潑的原因——情緒過於敏感

大腦停不下來的原因

我在餐廳裡，點了一瓶七十一年聖愛美隆區[4]（Saint-émilion）的紅酒：菲雅克（Figeac），我的最愛。侍者將葡萄美酒緩緩地倒入酒杯中，我眼裡看見瓊漿泛著夕陽的橘紅光暈。淺酌幾口，舌尖觸感，彷彿提琴般低沉盤旋，回味其中。深飲而下，彷彿熱浪高潮，直衝而來。且讓玉液迴旋於舌齒之間，感受味蕾直達威爾第《安魂曲》的最後一個音節，如長如遠。我想遇見上帝的喜樂，就如同飲下菲雅克般的美妙吧！但就只是一瓶裝了葡萄的水，為何會讓我如此的魂牽夢縈呢？

皮爾・德伯桔[5]（Pierre Desproges）

4 聖愛美隆（Saint-émilion）座落於法國波爾多（BordeauX）東北部35公裡處，為著名葡萄酒產區。

5 德伯桔（Pierre Desproges）為法國黑色幽默劇作家與表演家。1939年生於法國巴黎，過世於1988年。他所表演的作品以反形式主義為主，專門以荒謬的手法嘲諷當代時事。

如同《想太多也沒關係》一開頭，我想要說的是，或許我應該說，我想要再次與你們說明的是：關於「大腦多向思考者」擁有高敏度的感官系統。五官是人類接收外來訊息的接收器，神經系統受到訊息的刺激，大腦因而對訊息做出反應。然而在你們眾多的來信中，很少人提到，由於你們的五官長期處於警戒狀態，不斷地接收到外來訊息的刺激，而產生困擾的情況。一般來說，當你們的來信中未談論到「高敏度感官」的主題或案例，也正代表了你們同意我在書中的論述。同時，你們對於擁有高敏度的感官這現象所抱持的態度，是正面多於負面。讀者來函中，很少人抱怨自己擁有高敏度感官是件麻煩事。然而，一旦有「大腦多向思考者」訴苦自己敏感的五官時，那通常是來自於當你們接聽電話或使用電器時，會不斷受到電磁波的干擾。可是，這問題實在難解。因此，首先我想與你們談談擁有高敏度的感官會產生的困擾。因為一旦你們接收過多的外來訊息，你的心理與生理，自然而然地會產生壓力與疲勞。

你們的確承受著超大量的訊息，你說：那我們該怎麼辦呢？其實你們在不知不覺中，已經做了許多防範動作，避免五官過度受到干擾，你們會有意識的避開會讓你感官訊息超載的狀況。今天，如果我想要判斷對方是否是「大腦多向思考者」時，我首要的考量便是要了解你的五官靈敏度。在《想太多也沒關係》一書中，我並沒有深入的探討訊息超載的狀況。其實，每一個感官刺激都是一種外來的微型攻擊。由於個人承載過多的訊息，會導致行為失控的情況發生；相信你們當中的許多人都曾有過這樣的經驗。

你們知道嗎？一個「神經典型者」的大腦，它會自動篩選同時接收到的感官刺激所傳遞進來的訊息。大腦只選取重要的訊息，捨棄次要的資訊，這種機制我們稱為「潛在抑制」（自動關閉接收訊息的機制）。「潛在抑制」是一種篩選過程（或者也可以說是一種頻道切換的過程），刪除不必要的資訊，使得當事人可以心無旁騖，專心工作。同時，也保護了你的感官系統。然而「大腦多向思考者」的大腦運作模式與「一般人」不同。儘管「一般人」會好心地勸你說：不要「聽」電鑽的聲音喔！但他們不了解，你根本就沒辦法做到。你不但擁有高敏度的五官，而且還缺乏「潛在抑制」的機制。也就是說，除非你個人有意識、用力將某些訊息摒除在外，不然你就得忍受所有迎面而來攻擊你的大量訊息。因此，我建議你們要多多愛護你們的感官系統，避免習慣性地暴露在訊息過載的狀態下。

那你們會問我：「我們要怎麼做，才能減少外來過多的感官刺激呢？因為我不希望受到過多刺激後，個人變得非常情緒化。」我認為你們的首要之務，就是要好好保護你們的五官。

蓮恩・哈德威利（Liane Holliday Willey）為《與亞斯伯格共處》該書的作者。

她提及在她的童年時期，自己差點沒通過IQ智商測試。那是因為測試者遞給她一支黑色的2B鉛筆，而不是一般的鉛筆。還要她用這支又黑又粗的鉛筆，塗在一張淡黃色的紙上，這又更讓她不舒服。因為當她看到淡柔色彩時，會有嘔吐的感覺。還有如果家具或物品呈現圓滑的線條，也會讓她很不自在。她喜歡的是大膽的色彩與銳利的角度。因此，你可以想像當她還在襁褓時期，蓮恩得面對所有帶著淡柔色彩及圓滑造型的玩具、嬰兒用品時，她當下的感受。

更甚的是，當她碰觸到一些塑膠材質的餐具時，那種不舒適感簡直到了頂點。迦布里也告訴我，他與蓮恩相同的問題。他說當他進食時，餐桌上的食物必須保持它們原有的形狀與顏色，不然他無法進食，難以下嚥。舉例來說，紅蘿蔔不能煮爛或磨成泥。當然，這些要求也增加了他個人日常生活上的困難度，過度複雜。也許你們對於我所舉的例子，看來好像都很極端。不過，我敢肯定的是，在你們的下意識中，你們對於某些事物也會感到不適。因此，當你們的感官接觸或接收到生活上的某些事物而產生過敏或不舒適感時，希望你們詳記下來。也請多關注自己的感覺，更加警覺自己的感受，了解自己會對於哪些物體或事物有排斥感。以下我將一一說明如何愛護你們的五官。

連一點小瑕疵都能看到的「鷹眼」

用「掃描」來形容你們的雙眼再適合也不過了。任何一個小細節都逃不出你們的觀察範圍內。例如，當你與人交談時，對方的襯衫上沾了汙漬或牙齒上有菜渣，這些小事都足以讓你分心。由於每個細節都可能會讓你分心。因此，請記下來有哪些事物會讓自己分神，盡量避免這些情況的發生或接觸這些事物。再者，燈光的顏色及亮度對你來說都是很重要的：你是喜歡暖色系，還是冷色系的燈色呢？請細心挑選你的燈具及光線照明的氛圍。或是你也可以選擇隨意調整顏色或亮度的照明器材，來適應你當下的心情。（近年來，又重新制訂了電燈泡的管制標準。我相信對你來說，選擇又更複雜了！）其實，蓮恩•哈德威利也提到：對自己身上所穿的衣服、顏色，要有賞心悅目的感受。盡量不要穿戴一些過於冰冷或堅硬的顏色，會讓你的感官系統感到不適！對於家具的選擇，也是相同道理：混搭、舒適或整齊的氛圍，你喜歡哪一種的家具擺飾呢？也別忘了觀察每樣家具的邊緣曲線及材質。還有你想要擁有空曠感或充實感的客廳呢？請試著找出可以讓你感受到溫暖、和諧的規劃擺設，也記得這些擺飾顏色要符合你視覺的舒適度。最後，也不要忘記慎選家電產品的設計與顏色。

如果你是一個畏光的人，當你身處戶外時，請記得戴上太陽眼鏡（別忘了，你也要精心挑選你所喜歡的鏡片顏色及舒適的鏡框等……）。當你在路上行走時，避免直接接觸那些廣告霓虹燈，可能都會影響你心情。也避免到人群過多、擁擠的地方，因為熙來攘往的人潮會讓你產生頭暈目眩的情況，或容易分散你的注意力。

比起對話內容，「語氣」更令人在意

你的聽覺系統似乎與「一般人」正好恰恰相反：你們可以很清楚地聽到來自遠方的聲音，以及你周圍所發出的尖銳聲響。舉例而言，當你與人對話時，你耳朵所接收到更清楚的訊息是來自於你談話環境四周的噪音。因此，要你在吵雜的環境中，專注地與對方說話，對你而言，可真是一個折磨。簡單來說，當與人對話時，「一般人」他依序會聽到的是：對方所說的文字內容→速度→節奏→語調→口音，最後是他的聲音。但對「大腦多向思考者」來說，正好是背道而馳。你首先會聽到的是聲音，這聲音是高還是低，或是尖銳刺耳？還是低沉有力或溫柔細語呢？想像當你聽到聲音時，你整個人就已經分心了。因此，你的聽覺過濾器第一件事是分辨聲音。隨後，你可能又會被對方的口音所干擾，這是第二重過濾器。假使這個人說話咬字時，有特別之處，你可能又心煩意亂了起來。接下來，你才注意對方說話的語氣，說話時倒底是輕鬆自然還是是咄咄逼人呢？他的語氣是有攻擊性的呢？還是壓迫性呢？或懷有善意，隨意自在的口氣呢？然後，你才注意到對方說話的節奏與速度的快慢。然而，對方話語中所闡述的文字內容，你是到最後一個階段才能意會出來的。

也就是說，當你與人交談時，若對方說話的聲音不是很悅耳，帶著口音或腔調，而且還用咄咄逼人的口氣，你這時一定很難理解他想說的內容！再者，之前我以為擁有五官高敏感度的人只會對輕柔的音樂或對話交流時的靜默，產生異常的注意力，因而提高他們的聽力。但我錯了。你們之中的有些人告訴我，他很愛聽吸塵器的聲音。在此之際，我驚奇地發現以「放輕鬆」為音樂主題的CD中，看到了竟然有吸塵器與吹風機的聲音（有興趣者，你可以上YouTube觀看：「與吹風機一起放鬆十小時！（RelaXing hair dryer sound 10 hours）」的影片）

細想起來，這還是真有可能發生的事，因為有的人喜歡聽跑車瑪莎拉蒂（Maserati）飛馳而過的聲音……，不過，我邀請你想一想或留心在日常生活中有哪種聲音會刺激你，哪種聲音會讓你放輕鬆。當你選擇適合自己的聲音時，也不要忘了檢查你家中的電子產品，如家電、門鈴或警報器等會產生的分貝數。同樣地，也可以考慮建構一間有隔音效果的房間，要注意木質地板的材質，因為當我們走在地板上或椅子摩擦地板時，會產生的噪音等……如你所知，壓縮型的音樂會傷害你的耳膜；同時，也不要拷貝音質過差的音樂或使用品質太差的耳機。請給自己一段時間，可以真正靜默下來休息。有時候，你所要做的只是關上家中的廣播或電視機，或緊閉門窗而已。我想你也不會想去一些太嘈雜的地方，例如，把音樂開得震耳欲聾的店家（請問這有可能嗎？這些可憐的店員！政府難道都不做勞工檢查嗎）。

在口袋裡記得要隨身攜帶耳塞，每當你覺得需要時就戴上，一點都不麻煩，例如去電影院，尤其是去到夜店時。請珍惜自己、愛護自己！其實，現在終於有一些企業開始注意到開放的工作空間會分散員工的注意力，並造成員工的疲乏。哈！所以，我們還是有希望的！我也是認為如此，員工如何能在吵雜的環境中專心工作，尤其當他們的同事還一直講電話！

最後給你一個小小的建議，幫助管理你的情緒。當你聽到那些令人惱火或非常吵雜的聲音時，不要去想這些聲音是否合宜、合時或合地。你只需認真專注傾聽那些攻擊你的聲音。我們來聽聽瓦萊麗的經驗：「有時候，在夜深人靜時，還有人會坐在我家騎樓下聊天，可是長椅的上方正好是對準我房間的窗戶。因此，即使他們輕聲講話，還是會吵到我。如果他們用氣音說話的話，那更慘，我整個耳朵都豎起來了！你知道的啊！他們坐在那裡也沒幹嘛啊！他們應該曉得自己正擾別人的清夢吧！可是昨天晚上發生了一件事，我家樓下沒有人聊天，倒是來了一隻貓頭鷹，牠待了很久。牠的叫聲有時大，有時小；有時長，有時短。突然間，我意識到自己一點都不介意貓頭鷹的鳴叫聲。那是因為我把這可愛的噪音合理化了，也了解到這是無法避免的狀況。所以，我就隨著貓頭鷹的鳴叫聲進入夢鄉了。」

因此，你們也可以學習瓦萊麗的想法：在第一時間，把那些攻擊你的聲音合理化。

例如，清晨馬路上，清掃落葉的馬達機器聲會激怒你的神經，但也請看看你四周這美麗乾淨的花園可是清掃落葉機的傑作。停下來深呼吸一下，全部落葉聚在一起所產生的芬多精香味。你再往前看去，所有的街道都變得乾乾淨淨了。瞬間，你也可以釋懷這難以忍受的噪音了。

尋找僅屬於你的對策

由於天氣過冷、過熱、過溼或過乾，或是空調不適合你當下的溫、溼度，你會覺得心情煩躁。或是有時候你穿的衣服太緊貼或穿了會癢，還是衣服上充滿汗水味或聞起來令人作嘔的腥臭味等這些小細節，實在是會干擾你的注意力或心情。你會覺得怎麼可以睡在一張粗製的床單上或起毛球的棉被呢？當你走進一間房屋或汽車時，若聞到這空間內異味，都會讓你的注意力分散。因此，我們是可以避免這些情況的。你所需要做的就是清除異味的來源。在家具的選擇上，例如，你想感受到居家舒適的味道或是木頭的芳香。在服裝上（請注意衣服上的標籤：材質及彈性等）選擇適合你的布料材質。居家清潔時，可以使用天然芳香精油讓空氣清新。同時，也得注意化妝品、洗衣清潔劑的香味與成分：如洗髮精、沐浴露、保溼乳、洗衣精或衣物柔軟精等。總之，要細心察覺所有感官帶給你的回饋，適時地選用適合你的產品，善待你的身體。

關於你身體姿勢的舒適度，記得也要符合人體工學。你們之中的許多人，常會忘記傾聽自己身體所發出來的訊息。時時關注你身體姿勢、呼吸的頻率，不定時地站起來走動一下，伸伸懶腰，打打哈欠。觀察一下貓咪，若當牠想要舒緩一下時，牠會做哪些姿勢讓自己的身體放鬆呢？貓咪可是我們伸懶腰最棒的示範者！

伯拿・哈根（Bernard Raquin）治療師曾提及：「孩童比成人更容易吸引蚊蟲叮咬。因此，當有蚊蟲圍繞在過於敏感的孩子身邊時，父母們必須更加注意這孩子的自我控制行為。」相信你們一定懂這個道理：若父母忽略孩子的存在，因而導致不良的親子關係。因為孩子需要父母的關注，他會不斷地尋求大人的注意力。當此情形下，若父母嘗試要與孩子分隔，希望他能專心一個人自己玩耍。這樣的疏離，反而會導致親子關係惡化。因此，父母必須捨棄個人的清靜，將精力充分地放在孩子身上一段時間，陪伴孩子做他想做的事。等了一段時間過後，你可以告訴孩子，我們大人還有其他的事要做，請他學習一個人照顧自己。這樣的教育方式，總比父母只做自己的事，而讓孩子一個人在一旁玩耍好太多了，也能促進良好的親子關係。因為一段短時間的優質陪伴勝過於長時間陪在孩子身邊卻忽略他的需要。因為一旦孩子滿足了需要被關注的需求後，孩子也了解到他們的父母需要有個人時間處理成人的事，他們也會學習讓父母保有個人的空間。

無疑地，你個人完全有自己的竅門來適應你過於敏感的五官。例如，你會隨身攜帶太陽眼鏡及耳塞。總是剛好有一條有香味圍巾圍在脖子上，避免聞到不舒適的味道。想像：你坐在火車上，剛好旁邊的旅客昨天沒洗澡……白天時，請你有意識地、定期地將注意力放在你感官系統的感覺上，分析整理這些訊息。然後，看看哪些地方需要調整或找出方法協助你適應當下的情況。但也不要忘了給自己一段安靜沉澱的時刻，放鬆身心靈。相信現在的你，已經減輕許多壓力和疲勞。所以現今你所需學習的就是提高你的注意力並減少憂鬱低潮發生的頻率。然後，如同在《想太多也沒關係》一書中，給予你的建議，請讓你的五官定期接收愉悅的信息。因此，建議你要走向大自然，接觸大量美的事物，如藝術！當你浸淫在自然愉悅的環境下，會讓你感受到感官帶給你獨有的寧靜與安詳。

娜塔莉來信說道：「給『大腦多向思考者』個人生活習慣的建議：由於你是一位『大腦多向思考者』，所以你看待事物的方式一定不同於『一般人』。請繼續用你的方式來觀察這花花世界。即使你拍照時，雖然不是一個專業攝影師，但你一定可以拍出你看這世界的樣子。我個人覺得，你看這世界的獨特角度尤其適用於拍攝大自然時。你只需要抓住你瞬間的感動，你的作品就會獨樹一格，一點都不需要那些昂貴的器材。我同意用右腦看世界的方式，的確是充滿創意感與新鮮感，同時也具有精準性。透過你特殊的五官感知，你可以拍出具有震撼力，令人心神嚮往的作品。」

如娜塔莉所言，善用你們高敏感的五官去感受這世界，將會帶給你們原創的悸動與共鳴。

因為吵雜的鄰居都快瘋了

這是第二次，艾琳來到我的辦公室了，因為她被鄰居騷擾到必須得要搬家的地步了。這些鄰居不僅會威脅艾琳還會侮辱她。我想不久之後，可能會發生打架的事件吧！然而，這種與鄰居相處不睦的事件對艾琳來說，已經不是第一次了，她以為自己與鄰居們的關係都不錯，但總常會招惹到這樣的麻煩。透過我們的談話過程所呈現的事實，她了解到與鄰居處不好的原因，及後來連鎖反應所造成的結果。

艾琳是個五官超敏感的人，可是她自己卻不自知，還認為大家都跟她一樣。也由於艾琳是個直率的人，所以當她搬入這社區時，她認為想要居家愉快，就得跟大家打好關係。因此，依循著敦親睦鄰的規則，她常跟左鄰右舍打打招呼、話家常。然而，不知不覺中，她竟然得知自己在鄰居的眼中是個難相處的人。然而，她的有些鄰居們仍然聳聳肩，繼續過自己的日子。她堅信自己一定被誤解了，也期望左鄰右舍能跟她一樣，有顆纖細體貼的心，能不時與鄰居打招呼，聊聊天。然而，過了一段時間，她理解到鄰居們還是無法體會到她敦親睦鄰的善意行為。尤其有些鄰居晒衣服時使用衣夾，會發出喀喳喀喳的聲音，吵得她不能入睡。

尤其要晚上十點以前聽到洗衣機轉動的聲音，入睡簡直比登天還難！因此，事與願違，艾琳與鄰居們的關係越來越糟，她再也無法忍受鄰居的生活習慣，彼此之間也越來越多的交互指責。鄰居開始質疑艾琳暗中監視他們的行為，讓他們沒有私人的空間。還說她是個脾氣古怪的老女人。他們會用粗俗的字眼來辱罵艾琳，也無所不用其極地要她閉嘴。這樣寸土必爭的情況，也越演越烈。當鄰居家中有歡樂的聚會時，也轉成彼此的叫囂謾罵，只因艾琳想找回安靜清幽的時刻。有一天，艾琳突然明白，不論白天或晚上，她的鄰居是故意啟動洗衣機的。她突然想起之前曾對他們說過自己無法忍受洗衣機的振動聲。因此，艾琳發現到自己是個五官高度敏感的人。對她而言，這個發現有啟發她人生的意義。因為這表示如果她的鄰居們都是「一般思考者」時，當然不會感受到隔壁傳來低音的音樂聲，或洗衣夾的喀嚓聲或洗衣機的振動聲。但是一旦這些「一般思考者」的人，發現他們有個二十四小時都不斷地抱怨這些事的鄰居時，難道他們不會覺得自己被騷擾了嗎？因此，艾琳理解到自己是個「大腦多向思考者」，也因此改變她的生命了。她能夠理解對方，也能夠接受彼此的不同。幾個星期後，她已經找到了一間獨立的小房子要出租，而且四周是長滿葡萄藤的田園呢！她現在正興高采烈地準備搬家！

然而喬婉的情況可不同了。她可是承受了鄰居各式各樣、大鳴大放的噪音了：有的人整天把音響開得老大聲；有位鄰居小姐，會在凌晨三點鐘穿著高跟鞋，叩叩作響地回家；有時還會傳來夫妻爭吵的聲音，有位鄰居先生經常在陽臺上吞雲吐霧，開開關關砰砰作響，還有加上廁所沖水馬桶的聲音……喬婉苦笑了一下說：「在我看來，沒有其他的鄰居會抱怨這些事，只有我一個人會感受以上噪音的種種不適。」

正如《想太多也沒關係》一書中所說的，如果你能妥善處理你高度靈敏的感官，那你實在是一個很幸運的人。因為擁有敏銳的感官不只是幸福快樂的泉源，但同時也是緊張壓力的來源。所以，現在正是你需要善加利用敏銳五官的時刻。想像一個畫面：艾琳正在花園裡享用早餐，欣賞日出、聆聽鳥鳴蟲叫聲，微風輕吹她的長髮，她呼吸大自然的精華……但假如這時葡萄園裡傳來拖拉機幹活的聲音……唉！我們都得面對現實，畢竟我們不是住在月球上的人啊！

3 緩解你高度緊張的情緒

一會兒哭，一會兒笑——情緒不斷波動

由於「大腦多向思考者」的五官高敏感度，伴隨著而來的是高度情緒化的表現。經常發現自己會受到很多事情的影響，而表現出情緒浮動的情況。那是因為你以自身的角度來思考這些事情；即使這個事件是普遍的狀況，你還是很容易就觸動自己內在的感覺。對話者所說的一句話，或表達出某種意向或批評時，這些隻字片語都會讓你很受傷，但也別忘了有時候可能是你解讀錯誤。你們在我Facebook上的留言讓我感受到你們太在意別人對你的不滿或批評，也太掛心在一些讓你們遺憾或心軟的事情上……那是因為你們將所接收的資訊與景象轉移到自己的身上，把自己放在當事者的位置上去看事情，也因此你們陷入其中……（其實我自己也會有這種狀況！）當然，你們的確是有過人之處，但這些長處也會為你們帶來不便。因為你們發揮了自己廣大的熱情、高度同理心及驚奇的想法，想要幫助他人。但同時，不自覺地，你們的情緒也受到這些事件的干擾而波動。

瓦迪・澤蘭德（Vadim Zeland）所著的一書《轉換思考》（Transurfing）（我強烈地推荐此書！）作者透過量子物理學的概念，剖析人性的思考方式。首先，我先介紹書中的兩個概念，可以減低你們過度情緒化的表現：「鐘擺」理論與平衡力。

吸光你能量的「不安因素」

對於澤蘭德而言，一個「鐘擺」是所有個體的聚集。例如，蜂窩或蟻丘都算是一個「鐘擺」。一個業餘足球隊、慈善機構或政黨組織也算是不相同的「鐘擺」。如果我們仔細觀察這些「鐘擺」所產生的現象：我們會發現人們是生活在不同的「鐘擺」裡。而形成「鐘擺」的目的，只有兩個：一，吸引最多的人群攀附在該「鐘擺」上；二，透過這些人的能量，「鐘擺」能達到自給自足的目的。例如，業餘足球隊需要有義工加入，公益團體需要有人捐贈物品、金錢，政黨組織則需要有選民支持等……不論這些人是屬於正向或負向的能量加入「鐘擺」，都沒有關係。也就是說，無論你是「贊成」或「反對」這個「鐘擺」，你都將你的時間、精力奉獻給了它。

但對「鐘擺」而言，它所需要的是，有越多人談論它越好。如此一來，才會有越來越多的人加入其中，奉獻一己的精力與時間。同時，你的反對者也會透過你的奉獻，而存活其中。更進一步說明，「鐘擺」是立於一個基座之上。「鐘擺」內的成員，有的人會努力奮鬥，希望能榮耀該「鐘擺」或榮耀自己。一旦他奪得錦標之後，就會成為有聲望的人。同理可證，貴於一國之尊的總統，也是該「鐘擺」內奪得錦標的人。或者我們以電影產業為例（電影產業也是一個「鐘擺」）有一位著名大牌的演員，也算是一個奪標者。但是，若電影產業沒有該著名演員，電影產業依然會存在；然而該演員若沒有電影產業的話，則無法生存（除非該演員轉換到另一個「鐘擺」）。因此，「鐘擺」內的廣大人群，對於單一個體的死亡，只會冷漠以對。也就是說，如果你已經不是買家了，賣家就不會存在了（商業體系也是一個「鐘擺」）。因此，一個徹底執行的經濟或商業制裁是具有其真正影響力的（每個國家或組織也是一個「鐘擺」）。

我覺得「鐘擺」理論的概念既迷人又有趣。你覺得這概念與如何舒緩情緒化的你，有何相關呢？我相信它具有許多發人深省的觀點。

首先，要認識自己是個高度情緒化的人。也就是你是每個「鐘擺」都需要的優質客戶！因為你容易意氣用事、慷慨激昂。就像個易燃物，只要輕輕地搧動你一下，情緒便激動了起來。所以你容易成為「心理操縱者」的掠奪對象！所以，請不要輕易地將紅色的小領巾（容易激動）綁在你身上。請往後退一步，思考一下。當你情緒不穩時，首先，看看身邊是否有「心理操縱者」的存在，是不是他正在搧風點火呢？那我是因為什麼原因，有如此高度的反應呢？有誰會利用我的個性圖利他自己呢？還有這些大眾的輿論、訊息是如何組織的？誰策畫發布的呢？有誰會從該「事件」得到好處呢？總之，請深層地思考你所聽到的訊息及你產生的反應。

接著，「鐘擺」內的成員都喜歡玩智力遊戲，這遊戲會有三種角色——受害者、加害者及拯救者[6]。其中，我們很少相信受害者的說法。就此同時，我希望你能退一步想想為何會是如此有趣的情況呢？因為，我們有協助受害者的健全辦法，以及讓「鐘擺」持續運作的方法。但對於「對抗反對者」與「對抗贊成者」的人（指「大腦多向思考者」），則一點辦法都沒有。你對於某些事物的興趣與潮流經常都只是曇花一現，激昂的情緒也是如此。因此，當你長期想完成某個單一理想（或職志）時，你需要的是汲取多方的資訊、勤勉學習、善於與人交流並培養耐心。

6 請參閱我另一本著作《如何逃脫受害人、加害者或拯救者的陷阱》，及凡司（Jouvence）出版社出版。

因此，當你有個想法或提議時，請不要任意到處點火，想要遍地開花，應慎選你的方法。舉個例來說，如果你想滅火，消防隊員會對你說：要朝著火源處噴灑水源，才能制止火災。

例如，你想要「捍衛動物權」，也許這個例子，聽起來可能會有點令人吃驚，但之後也會覺得蠻正常的。當你在採取行動前，請別搞錯了方向！如果你選擇不吃肉或不穿皮鞋，這些方法並不會解決虐待動物的問題。因為虐待動物的行為是無所不在的，例如有些人會在一些節日或長假時棄養動物，因為他們沒有時間照顧；又例如海洋公園裡表演的海豚或逆戟鯨，或是動物園裡生活的動物，難道牠們不會因為居住在局限的環境，以及人們對待牠們的行為而倍感壓力、難過或過度神經質嗎？你看人類豢養豬隻，牠卻住在像監獄犯人一樣的空間，然後，為了讓牠快快長大，人類便餵養一些基因改造的作物或大量灌食，以便能快速屠宰牠。因此，飼養條件、動物居住的空間等……，有太多的論點可以發揮。再舉寵物為例，心懷著善意的寵物飼主，因為自己的不夠成熟，過於擬人化自己的寵物，把他（她）的寵物包得像玩偶一樣，或餵牠們吃甜食，讓寵物肥胖。飼主非常溺愛寵物，不停抱著牠，是不是為了滿足自己需要被人擁抱的感覺呢？只因他們無法愛人……總之，穿塑膠鞋或穿合成纖維的毛衣並不能完全解決動物權的問題。或許我們應該想想開發生物分解或塑膠分解的鞋子、衣服，才是解決之道？

如果可以的話，在人權宣言發表之後，你可以把精力專注在和兒童權利及動物權利的宣言上，以建立他們的法律地位，維護尊嚴及完整性。以上我所舉「捍衛動物權」的例子，是用來說明以何種的思考方式來擺脫「鐘擺」的擺布，不要隨著他人起舞。而我呢？我並不打算再建立另一個「鐘擺」！

另一方面來說，我肯定你們對「心理操縱者」這一個個別的「鐘擺」已有相當認識！即使當事人不在，「心理操縱者」會不斷地製造討論的話題。同時別忘了，心理諮商中心也算是一個「鐘擺」。所以，請不要讓這些人再依靠你的能量而存活了。

你要避免自己因為身旁周遭所發生的事情，容易感到生氣動怒或低潮。你必須明白的是：你不能再站在所有戰線的前方，也不需要為了想要了解某事件發生的所有原因，而讓大腦到處發散式思考。你必須有意識地、仔細地選擇加入某個「鐘擺」。那你要如何選出對的「鐘擺」呢？只要你感到這「鐘擺」團體，給你一種自由的感受，你可以來去自如，他們不會把你的離開當作是天大的事情就好。舉例而言，你可以加入喜好草本產品的「鐘擺」、天然藥物的「鐘擺」；或者參與保護地球或孩童的行動，點燃你的熱情即可。你需要精挑細選你想加入的「鐘擺」，然後投注完全的精力於其中；總比你一天到晚一時興起，被當下的事物所觸動，而加入一堆「鐘擺」，白白浪費了自己的時間與精力來得好！

我們將在最後一章談論有關你人生使命的選擇。因為當你做自己喜歡做的事情時，你會覺得自己是個有用的人。此時，你也正一塊一塊地，堆起你的職志基石。希望你在自己喜歡做的事情上，全心全力地奉獻自己。

之後，你將對「鐘擺」的需求大大降低！其實，今日「大腦多向思考者」們也漸漸形成一個「鐘擺」的現象。無論如何，請退一步，好好思考一下。

「平衡力」是《轉換思考》一書中所提的第二個重要概念。我認為對你而言，是一種非常寶貴的思考轉換方式。其實「平衡力」就是物理學裡最基本的知識：試想在一個房間裡，你想站直挺立，你不需要花費很多精力，也不需要做很多動作。你只需要將你的重心放在支點（雙腳上）即可。此時，由於重力的作用，會協助你站直。但如果你一個人在懸崖邊，想站立挺直的話，那可就困難了。因為引力會將你拉向懸空的方向，而你也會開始緊張起來，盡量地將身體往後仰。此時，為了不讓自己跌下萬丈深淵，你將會極力地發揮個人的「平衡力」對抗懸空的引力。其實，這道理就像你走在平衡木上時，手臂會不停地擺動以幫助身體保持平衡，這也是使用「平衡力」原因。

因此，想想把平衡木擺在房間內時，你顫抖著維持平衡的力量，將遠不如你在懸空時，會使用的力道那麼多吧！

藉著「平衡力」的觀念，我們可以轉換一個角度來解釋「個人生命成長」的準則：每當我們把某件事情看得非常嚴重時，此時我們就有如獨自一人站在懸崖邊（或是正處於一個約莫高三十公尺的平衡木上行走）。有的人說「大腦多向思考者」好像把他生命中的每一件事情，都看成生死一線的恐懼！但是，假如我們沒有相當重視某件事的話（隨便舉例，例如：錢），這也會為自己帶來困擾。也就是說，當我們處於懸崖邊緣時，若不持續保持專注的話，我們就有可能墜入萬丈深淵了。

因此從澤蘭德所提出「平衡力」的概念，我思索出一個個人哲學的概念，而且每天我都將這句話應用在我的日常生活中：

生命的課題：面對每件事情時，你學習到如何給予每件事該有的足夠重要性（不需太多，也不要太少）。

所以，當你開始發散思考時，請衡量其時機點的重要性。

進一步來說，當某一件事很重要時，我們便會產生壓力，隨之而來也就是害怕的感覺。相反的，當事情如果沒那麼重要時，你就不會害怕了。我們可以說，「害怕成功」與

「害怕失敗」所產生的恐懼是相同的。成功就是當我們退無可退之時，只能選擇奮勇上前，竭盡所能，戰勝困難。因此，你的成功也就在望了。而失敗就是，個人的自尊心會受到傷害。理所當然，自己也會覺得沮喪，感到羞愧。

我們還需要另一個物理法則來完善「平衡力」的人生哲學：整個大自然的原則就是「平衡」，因此「平衡力」的作用就是恢復於大自然、穩定大自然。當一個人不斷地保持平衡之時，這時，他跌入深淵的機率一定是比爬上高峰（約三十到一百公尺）的機率大多了吧！因此，「平衡力」翻轉的概念，就用來說明失敗的道理，也是你生命成長的準則。也就是了解到「失敗」乃兵家常事，「成功」如鳳毛麟角。因此，如果我將某個計畫看得太嚴重，便會產生很強大的「平衡力道」來幫助自己保持平衡。但此時，這強大的力道也有可能把我拉下萬丈深淵。沒錯，你可以想像這是如何令人讚賞的失敗畫面！所以，為了減少自己對該計畫的強烈關注，你只需要回到當下，建立該計畫的腹案。舉例來說，可以試著對自己說：這只是一通電話而已！或說：這通來電只是我們初次接觸，其實之後還是有很多機會等著我們！你可以嘗試著使用一些方法來降低你對該事件的強烈關注。現在可以問問你的大腦：是否有可能對於每個事件，能減少其關注重要性呢？在本書之後的幾個章節，我們會再談論到澤蘭德的其他概念。

在獨木橋上尋找平衡

與「平衡力」的道理相同，我發現到你們太重視，也太在意別人口中所說出的話。

正如語言學家喬姆斯基（Noam Chomsky）所言：文字並非只是給東西取個名字而已，文字是我們經驗累積的一個註解。舉例來說，「狗」就字面的意義，沒有咬人的意思，但日常生活中，狗會與咬人的經驗連結。因此，文字所傳達的意義：就如我們拿一個鞋盒，想像一下我們在鞋盒上貼個標籤（即文字），而鞋盒內則是充滿個人的物品與回憶（即生活經驗）。拿「樹」這個字來說，「樹」這個字是貼在鞋盒上的標籤，但「樹」意義則是來自於你的生活經驗，「樹」這字可能喚起你許多的意義：如樹的形狀、橡樹、蘋果樹或針葉林等；還有人會聯想到家譜樹等。然而，就該字的情感面來說，又不同了。你可能曾有過在大樹下休息乘涼的愉快回憶，或有過從大樹上跌下來的慘痛經驗。因此，當與人溝通時，若雙方使用越多主觀性的字詞時，產生誤會的可能性越增加。舉例來說，對你來說，什麼是尊重？什麼是忠誠？什麼又是承諾呢？關於以上詞彙的意義，別人可能會與你有不同的想法，再舉例來說，「玩」這個動詞有兩種解釋：一種解釋是指遊樂，含有趣的意味在其中。而另一種解釋則有競爭的意味，如玩西洋棋或網球比賽等。

然而「大腦多向思考者」相當在意文字的意義，甚於文字本身。也就是「大腦多向思考者」會將對方的話語直接聯想到鞋盒裡的內容物，即是指生活經驗（包含回憶、情感）。然而，「一般人」在鞋盒子上選擇貼上何種標籤時（即選擇的字詞時），不是很嚴謹，因此會造成「大腦多向思考者」常對「一般人」的話語，甚至他們加以解釋時，產生一種模糊籠統的感覺。當然，「大腦多向思考者」也更無法理解「一般人」「隨口說說」的行為。這也正是「心理操縱者」會做的事。「心理操縱者」所說的話都是空的，他的目的只想操縱對方，因為這群人認為「承諾只是給那些相信的人，才算數」。

被毫無重點的話耍得團團轉

文字對「心理操縱者」而言，只是一種買空賣空的遊戲，而文字的意涵，則是由「大腦多向思考者」自己滿懷希望，自動填補其中的意義。「心理操縱者」的特徵，就是「言行不一」。理所當然，你可以想見他們的鞋盒裡是空無一物。相反而言，「大腦多向思考者」的確太看重別人的一言一語了。也由於「心理操縱者」的反覆，言行不一的行為，常把「大腦多向思考者」搞到自己以為自己發瘋了。

因此，當對方談話時，你必須學會理解他所說的內容，語義是否空泛。也就是說：有沒有在「閒扯淡」的意思。請聽聽以下這句話：「我們將在最短的時間內，採取一切必要的措施，調查該問題的所在。」請問你從這句話的字裡行間讀出了什麼呢？當然，什麼都沒有！但是一旦有人說了這句話之後，現場不會再有其他人反駁他了，而且到哪都適用。還有，我們可以看出有些人說話時，都只是說出一些顯而易見的事實，而且常用一些「老掉牙」的用語；或是你有時感覺到他「說了也是白說」的一些話。有些人好像要傳達說：我之所以對你說的原因，是因為你站在我面前，我不得不說些話。或有的人會說今天「我們大家來到這裡是為了該計畫的合作。」我們都很想對他說：「別鬧了！」

但是，要如何才能了解到對方所說的話是否空泛呢？你只需將當事者的話改為否定句，然後再看看整個句意是否合情合理。我們一起做以下練習，這樣你會更明白我的解釋。請將下列的句子，用否定句說說看：「我反對失業，贊成就業」或「我希望這個計畫能夠成功」。還有一些有關於家庭的話語，例如：「我希望我的孩子（或老婆）幸福。」其實這句話有說等於沒說。因為這是顯而易見的事實，還需要用說嗎？因為沒人會說：「我真希望搞亂我太太的生活，傷害我的孩子！」

也就是如果某句話不能以否定句的形式來表達的話，就表示該句話是沒有價值，一點都不重要的。因為它的語義是空泛的。當人與人的對話時，請試著分析對方的語句，發現他所想闡述的意思。一旦你更理解對方說話的意義後，那些空洞的話影響你的程度也會隨之降低。接下來，我想告訴你如何區分有用的資訊與行銷用語。若一個廣告上寫說：「X X面霜含有何種成分」，這就是屬於訊息的告知。但它還寫上：「X X面霜會讓您的膚質變得更細緻柔軟」，這便是屬於行銷用語了。「心理操縱者」便是擅用華麗空洞的辭藻、眾所皆知的用語，及更多的謊言來包裝他自己。例如，「心理操縱者」說：「我做的一切都是為了讓你快樂，但是你就是永遠不滿足。」他們的話都是空洞的！都是陳腔濫調！「大腦多向思考者」的你對我說：「可是他真的是這樣說啊！」有的人還相信「心理操縱者」總有一天會變得有誠信。那你的確要懷疑你的想法！我會回答你說：「沒錯，他是說了這些話，但他沒有照做！因此，對他來說，話語只是文字而已，不是因為我很肯定地說：『我辦公室的沙發是綠色的』，你們就得當它是綠色的！」（感謝方索瓦對我辦公室的描述，你們都應該很清楚知道我的沙發是紅色的。）你們有些人聽完後，會淺淺一笑地對我說：「當您都那麼肯定您沙發顏色的時候，我都不得不懷疑自己是不是色盲了！」然而「大腦多向思考者」就是如此地真誠，你的話語鞋盒外的標籤的確符合鞋盒裡的內容物，也就是說充滿著實質意義的文字。因此你無法想像，這世界上會有人空口說白話或是鬼話連篇地欺騙你。但他們就是專門玩文字遊戲，就和玩彩球雜耍一樣熟練。現在，請試著傾聽對方的話語，看是否有些陳詞濫調，或你也可以將他所陳述的句子改成否定句，看看是否依然合理。藉著這些方法，你們將不會再受到他人的言語傷害或催眠了。同時，就你個人而言，也不要太鑽牛角尖在文字用語上。

透過以上語言學的解釋，尤其是喬姆斯基的轉換語法練習，我想你應該可以退一步，思索對方話語的重要性與否。探討透過這些語義，相信可以激發你的大腦，產生震盪思考！所以，我們又回到「鐘擺理論」的「平衡力」上，不要過度強調某些事情或話語的重要性，而是學習去聆聽對方真正想說的內容。你將會與易燃物保持一段距離，不會輕易成為一個「自燃物」！也因此有的讀者來信寫道，由於個人過於情緒化的行為，讓自己吃足了苦頭。他從一個具有頑強抵抗性格的人，慢慢變成一位冷漠自私、軟弱被動的人。透過本書的練習，將會產生你所缺乏的自發性行動。在此同時，你原本居住易燃情緒的茅草屋，也將轉變為一個真正溫暖的家，因為房屋裡堆滿了慢火燃燒的實心木頭！

4 總感到不足——缺少自我

就算再有才華，也沒有自信

處於我們內心最深處的恐懼，不是擔憂自己的能力不足，而是在於不可限量的天賦；最令我們震撼訝異的，不是自我的黑暗面，而是來自於自身的耀眼光芒。我們捫心自問，如此才華洋溢、天賦異稟的我，將為這世界成就什麼？然而我們應自問的是：如此的我，將無法成就什麼？你是神的子民，謙虛自抑不是美德；躊躇退縮更無法引領人民。生來便是要榮耀我們的神，命定活出神的容光。你我都是祂的兒女。讓我們耀眼的光環，日漸感化周遭的人。盡情揮灑我們的才華，啟發芸芸眾生。

南非總統曼德拉一九九四年就職演說

莎賓納坐在我的辦公室裡，對著我說，她感覺她自己很沒用。我笑了：「很沒用？是喔！可是你是醫生呀！」（莎賓納是一位婦產科醫生！）莎賓納臉紅結巴地說：「噢，那沒什麼大不了！很容易的！」我很驚訝她的答案，便回說：「容易？醫學學位耶？那麼，如果真是那麼容易的話，為什麼我們都不是醫生呢？」莎賓納有點不好意思地辯解道：「沒有啦，我只是很幸運而已！」

顯然地，這位幸運之神並沒有降臨在我的身上。所以，我又接著說：「你認為大家都是如此幸運，可以成為一位醫生？如果真是如此的話，這世界也就太糟糕了！」莎賓納又試著為自己找一個藉口：「我的意思是說我的老師，人都太好了，讓我輕易過關！」我馬上又抓住她的話，追問她：「莎賓納！你現在是不是故意在汙衊你的老師呢？你是說這些放水的老師，都會讓一些不應該得到文憑的人而獲得文憑，只是因為他們一時的婦人之仁嗎？」隨後，莎賓納不得不承認自己是憑實力拿到醫學學位。但之後她又靜默了片刻，給了我一個羞澀的微笑，她不好意思地承認道：「其實，不久以前，我才獲得了一個升遷的機會……。」也許當你看莎賓納的例子時，會覺得非常好笑。但是「大腦多向思考者」都是這樣的人，他們無法清楚地衡量自己的價值所在，非常嚴重地低估了自己的能力。喔！現在我聽到你們當中有人回應道：「對，你說得沒錯。那是因為我缺乏自信心！」但事實正好恰恰相反：是因為你們自己，嚴重損害個人的自信！生活中，你們在「謙虛誠懇」的行為上花了許多精力。相信我，是你個人自我貶低自己，否定自己的價值。記得我在《想太多也沒關係》書中說過：「別人會把你的『謙虛』看成了『虛假』，因此你也可能會招來別人對你的不信任。」

我可以確認的是：你自以為的「謙虛」不但會惹惱別人，而且還會讓別人無法忍受你的「虛假」。另一個有趣的例子，可以說明你們「自以為的謙虛」這件事。由於我經常舉辦心靈成長營，在活動中我會要求每位參與人員，各自組成不同的小組共同討論。而我則會在一旁觀察他們的互動情形。席間，我遠遠地看到一幅秀麗的風光：有一雙完美無暇的玉腿，正優雅的交叉斜擺，那正是瓦萊麗的一雙美腿。

隨後，我走到她的小組旁，真誠開心地告訴她（如你們所知的我的個性）：「天啊！瓦萊麗，你那雙腿也太令人驚豔了！」當下，瓦萊麗並沒有馬上接話，但可以看出來她整個人都慌了，如同莎賓納臉紅的情形。她結巴地尋找所有的辯解，試著拒絕我恭維的話語。但我實在沒想到她會變得如此惶恐。因此，我堅定地告訴她：「你本來就有一雙美腿，接受它並承認這個事實！你應該要有的正確反應是：謝謝您的誇獎。」瓦萊麗回說「謝謝」之後，她整個人的心情才緩和了下來；但「謝謝」二字對她而言，如同她向敵人宣告投降一樣的困難。沒錯，當她聽到別人讚美她的時候，她的確是嚇呆了。但由於我突如其來的「美麗意外」，使得她可以真實地見到自己個人的心理機制。

此時，歐蒂正坐在瓦萊麗的對面，她其實也有相同的問題！當瓦萊麗正緊張失措時，歐蒂馬上意識到當有人稱讚她自己時，她也會像瓦萊麗相同的反應。因此，從瓦萊麗的事件中，歐蒂了解到當別人讚美她時，她自己會非常不自在；但同時，也理解到自己的反應實在很可笑。歐蒂接著說：「其實我想我的行為實在很矛盾。因為我是一個喜歡讚美鼓勵別人的人，但如果看到被我恭維的人，因為我的讚賞而感到不自在，我也會很難過的。」

沒錯，明明都是你，**但你對別人與對自己，卻擁有兩種態度，兩套標準！你們很清楚知道對別人說什麼話或做什麼事，會讓對方很快樂。但你本身，卻不認為自己值得得到別人恭維或協助。所以，以事實來說，你們不是缺乏「自信」，而是缺乏「自我」**。

「謝謝！」及「太棒了！」都是餵養「自我」的補給品。然而，像莎賓納、瓦萊麗或歐蒂這類的「大腦多向思考者」，她們無法讓自己欣然地接受以上的文字，因此她們的「自我」日漸地枯萎凋榭。由於個人缺乏「自我」的意識，因此會產生不安全感，甚至有憂鬱的傾向。隨之而來，你們轉而諮詢我：為什麼我們會有這些負面的感受。現在，讓我幫忙找回你的「自我」吧！

克莉斯汀・樂威齊（Christine Lewicki）在她所著《覺醒！》（Wake Up！）一書中提及「謙虛」這問題（說實在的「謙虛」實在是個大問題！）：「為了要謙虛，我們覺得有必要降低個人的能力。甚至到後來，連我們都懷疑自己是否真的擁有這些才能。為了要謙虛，我們漸漸地看輕自己。人打從出生開始，便在家庭中養成了謙虛的習慣。隨後，擴及到個人的工作範圍、社會群體，甚至整個國家。難道你沒有注意到：由於我們自覺得要遵循這些社會的規範，保持謙虛，因此把自己變得極其渺小、甚至貧瘠之人？」

由於個人變得越來越貧乏，因此產生更多的恐懼，我們選擇不再激發自己的潛能，也不再大力地發揮自己原有的能力了。總而言之，需了解到人們一旦啟動了「謙虛」的機制後，便會帶動「縮小自我」的效應，讓人越往向下沉淪。如同南非總統曼德拉所言：「謙虛自抑不是美德，躊躇退縮更無法引領人民。」這也就是為什麼我在《想太多也沒關係》一書中曾說明「謙沖」與「謙虛」的差異。「謙沖」是指大方地接受並承認自己擁有的才能，而不是一味地向大家否認你的才能。因為我們當中的每一個人，沒有一個人會上了你的當！

所以，你們說莎賓納是一個怎樣的人呢？她是一位聰慧的婦產科醫生，但卻希望別人相信她今日的成就，只是因為湊巧地從過年福袋中抽到幸運大獎的緣故？你們不覺得她很可憐嗎？

亞莉約・雅達（Arielle Adda）曾說：「對天才型的人而言，只有一件事讓他非常困惑不解，那就是他個人的智能價值。由於他個人無限上綱追求完美的欲望，自己不斷地被自身的弱點與不足之處，永無止盡地折磨。由於這些超能力的人「盲目」地使用與生俱來的洞察力檢視他個人的缺點，當然會造成他挫折感極深。」對不起了，我忘了，你不是一位天才！所以，以上所說都跟你無關！你們就像莎賓納一樣，極力地否認自己擁有超高的智力。

對你而言最重要的人就是「自己」

首先要說明「自我」二字，並不是一個可鄙的字眼。「自我」來自於拉丁文，人稱代詞「我」的衍生詞。一般而言，「自我」是指個人的展現及認知到「我」的存在；往往是人格基石的表現（就心理學而言）但同時也會阻礙我們個人的成長（尤其是指精神層面而言）。有些人會將「自我」與「假我」相互混淆。但就現今大眾而言，已將「自我」視為一個負面的用詞。當人們口中說出「自我」二字時，通常是在指責他人之時，同時也會帶著憎惡的表情。其實，對「大腦多向思考者」來說，缺乏「自我」實在是個痛苦的折磨。

請不要再認為「自我」是「自私」的代名詞！「自我」是：認同自己，顯現個人的獨特性及表現人性的一切核心。就心理學而言，「自我」是你個人的數位指紋，代表你自己與他人的不同之處。「自我」是我們自身中最溫暖，但也是最脆弱的一部分。所以，為什麼我們要濫用「自我」二字，甚至汙蔑它呢？

對自己來說，「我」才是最重要的人。僅此而已，別無他人。不管我否認「自我」或接受「自我」，「自我」它一直都是存在的。沒有任何情況可以改變這個事實。因此，對你而言，也是相同的。「你」是你自己生命中最重要的人。這是作為人類基本的真理，無法改變，即使有時這個「自我」會困擾你。但只有「你」能照顧你自己的健康、幸福及身心靈的成長。**如傑克・沙樂美（Jacques Salomé）所言，如果我否認人類基本真理的話，我將成為一個「否認自己的存在，卻只會照顧他人，滿足他人需要的人」**。如果你是以上的狀況的話，「工作倦怠症」將會迅雷不及掩耳地襲擊你，只為了給你一個教訓，告訴你不傾聽自己內心的後果。如果你接受「自我」，時時刻刻地想到「自我」，充分餵養「自我」、讓「自我」安心。當個人與「自我」互動時，也能保持平靜，而不是讓「自我」不停地向自己乞討：安慰我、照顧我。因為你個人對你的身體健康與精神健康都是有責任的，因為這些都是屬於你個人的，而不是他人。

也許你認識這些話「公益慈善始於己」及「愛人如己」（別人不能替代你），但我相信你們當中很少有人會實踐以上的格言。

對你們而言，情況卻正好相反：你們在乎的是別人。重要的是別人的健康、別人的快樂、別人的平安、別人的舒適！而你自己呢？你的好、你的平安健康，都是次要的。一旦我直率地指出你的問題時，你們可能會馬上反應：「不，不是的，你說的都不是真的！我也喜歡別人照顧我、呵護我！我需要別人的愛與關心。」不過你所想要的都沒有反映在你的行為舉止上。你不懂得如何接納別人的關懷，不傾聽自己的需求，常讓自己陷入不和諧的關係中，被人痛苦折磨。別忘了你內心還住個批評者，他會不斷地貶抑你自己。我聽到你們常說的一句話，那就是：「沒事了！」你們不覺得你在自欺欺人嗎？有了這句話的靈丹妙藥後，你們就像蛇一樣，什麼都可以吞下！你們無視於別人對你的傷害，忽略自己的需求，假裝忘記自己受到的挫折，這些種種不合理的行為，你們卻有可悲的反應。一旦你以「自我」為中心，不僅對自己的生理有助益，對心靈更是如此。每當你否認自己的疲累，漠視自己的悲傷、憤怒及恐懼，並且還忽略了自己受到挫折屈辱及不合理的待遇時，你的靈魂（終於，我說出了我心裡的話）正在默默地哭泣，正處於憂鬱的深淵當中。這一切的痛苦都源自於你不愛自己；更糟的是，你還默默承受別人對你惡劣的對待。然而，你忘了你與生俱來的正義感，你自己很清楚地知道沒有人需要遭受到如此的對待。所以，請將正義的使命感運用在你自己的身上吧！你真的不應該受到如此的對待。

因為，佛陀也會對你說：「如果你的同情心都不包括自己的話，那你不算是一位有同情心的人。」

那為什麼你的「自我」會如此薄弱呢？部分原因是來自於你的「假我」：由於你擔心受到別人的排擠，及害怕別人對你的誤解。因此，你將自己與個人的感受切割開來。也由於自己隱隱約約地感覺到與他人不同，而自認為這是一個缺點，使得自己退怯，產生貶低自我的心態。但最重要的原因是你懷有強烈的利他主義，這些看來根深蒂固的人道主義思想及無法發揮個人潛力的感受，其實還是有機會可以修正的，還是有解決之道：因為你不能只停留在現在的樣子，必須前進！

不要讓渡自己的權力給別人

史蒂芬・普斯菲爾德（Steven Pressfield），在他的所著的《成為實踐家》（Turning Pro）中提及（由於該書原文為英文，我自行翻譯如下）：「你有沒有曾經追隨過某位大師或精神導師的經驗呢？我曾有過。我將屬於我的權力給了我的愛人、我的妻子。我在電話旁邊苦苦等候她們的來電，等待她們的允准。這樣的情況也發生在我的工作場合：我顫抖地等待別人給予我的批評指教。有時，只因為別人的一個眼神或是在大眾公開的場合，我不知不覺地將我的權力讓渡給他人而毫無羞愧。

其實說來，我們可以把一個人被迫離群索居、身處孤獨或遭受失敗挫折的經驗，看做是一些積極正面的刺激。由於當事人親身感受到以上的經驗，並而非受到他人的影響，迫使自己內心激起反應。說真的，我真的舉雙手贊成，當你掉入深淵，自己處於孤獨無援當中時，才能好好思考自己。」

因為，當下你開始深思，面對自己的疑惑、猶豫，還有高傲的自我。但如果你還指望別人跟你確認你所做的選擇是正確，或遲遲等待他們的指示，你只會更焦慮而已。那是因為你期待得到別人的肯定來確認自己的表現。我當然理解你的行為，因為**你害怕被排拒在外，害怕再度遭受排擠；也因此你將屬於自己的權力給了他人。然而，你賦予這些人太多責任了，尤其他們根本沒必要承擔你的責任。我想要對你說：你的價值，不是透過別人來肯定你，不是別人來告訴你要如何思考；因為別人也無法消除你的疑慮或替你解決問題。**

在一次電視採訪中，導演兼演員的文森・卡塞[7]（Vincent Cassel）曾提到當他上場表演時，會不時地浮現一股不確定感，但他不會影響他人演出。沒錯的。在開拍的現場，不論是導演、製片或其他的演員等，每個人在心中或多或少都會產生焦慮與疑慮。然而，我們都得做出選擇。因此有的人會透過交談，說出自己所擔憂的事情，但同時，他也意識到自己心裡忐忑不安的感覺。因為當你說出這些焦慮時，其實你所做的是：尋求外在的協助，你希望這些人要不就是肯定你的想法或是幫你做出選擇。可是當你正喋喋述說時，只會讓你需求強烈情感的內心小孩更加焦慮緊張（內在小孩需要來自他人的關懷）。因此，你越訴說自己的問題，只會越將你內在小孩推往情緒流沙中，無法自拔。

因為「不安全感」一直縈繞在你身上，讓你習慣依附在他人身上（你需要他們的關懷）。其實，這也就是說：當你在工作職場時，你主管的工作是永遠杵在那確認你的工作

7 文森・卡塞是法國著名演員、導演、電影製片人兼劇作家。著名電影如《黑天鵝》、《聖女貞德》等片。

能力（你會經常詢問主管的意見或尋求他確認你的決定）。你必須學習一個人做出抉擇。如此一來，你才可以累積自信心。漸漸地，也建立出你的自主權。儘管你的不安全感、不確定感會一直存在，但你要學習如何掌控它們。

充實「自信不倒翁」

那要如何建立「自信心」呢？我經常將「自信心」比喻成一個不倒翁，我相信你是認識這玩具的，它有個圓厚底座，裝滿了含鉛化合物。這個圓厚的底座，能使不倒翁東倒西歪地晃動後，又可以恢復平衡不動的狀態。因此，當我們個人缺乏自信心時，就如不倒翁底座，缺乏含鉛填充物。這樣一來，不倒翁不僅容易搖晃，而且很難停止，必需要很長的一段時間才能恢復平衡。記得瓦萊麗的例子嗎？當我輕輕地拍她一下，讚美她那雙細長的美腿時，瓦萊麗馬上就顯得驚慌失措，不知如何是好。「大腦多向思考者」即是如此。一旦你收到外人對你的讚美或批評時，你會很輕易受到動搖。但如果你整個「自信心」不倒翁都填滿含鉛物，相信你就不會如此輕易動搖了。那麼何謂「傻瓜」呢？這樣的人會穩穩地站立在自己的確定性上，如同鉛垂般地肯定他們所認知的，即是單調刻板的世界觀。我也請你們留心觀察這些時時保有確定感、充滿自信心的人。相信他們蠻橫、自以為有理的說法，保證讓你大吃一驚。

「大腦多向思考者」真的好想跟「傻瓜」一樣，擁有與生俱來的確定感！但也正是這些人，你會將自己的權力讓渡給他們，讓他們來決定你是誰、你該做什麼事。因此，在自信心為零與滿分之間，你所要做的是填滿你自己的「自信心」不倒翁，使得你隨時可以保持鎮定。雖然，我知道有時候你還是會受到精準合理的批評或讚美而動搖。我借用網路流行的一句短語來鼓勵你：「一位讀過萬卷書的智者，當面對任何事情，他永遠保持懷疑的態度。然而，那終其一生只讀過一本書的獨派教義者，卻始終堅持自己所信仰的是真理。」我並非想把你變成愚蠢的獨派教義者！我只希望你能填滿你的不倒翁，不再動搖。如此一來，至少你擁有一個穩固信心的基礎，不會為了一點風吹草動而左右搖擺，心慌意亂。保持開放的心態，是面對懷疑最好的方式。

在此同時，你也要注意到身邊是否有「心理操縱者」的存在。因為一旦你的「自信心」不倒翁空無一物之時，正是他入侵的好時機：他太容易用他自己的世界觀來填補你空白的自我！我相信你也明白這個道理：當入侵者來到一片有人居住的土地時，他是無法輕易地占領該土地，成為殖民地的統治者。也就是說，人們很難動搖一個擁有中心思想與言行一致的人。

此外，「自信心」這種東西是很容易蒸發消失的。所以，別忘了要不時餵養「自信心」。還有自信心不倒翁的身上有許多孔洞，導致容易喪失自信心。舉例來說，假如你擁有一項專業技能，但約有半年的時間，你沒再操練或運用它了。相對而言，當你重新進入職場時，要你操作該技能，此時你的自信心與確定感一定是非常低落的。可能會有的結果是：你得面臨資遣的悲劇。然而如果你失業越久，就越有可能忘記如何操作該專業技能。因此，就如同我們的「自信心」，它需要我們不時餵養、維持。同時，別忘了！當你遭受挫折打擊後，要重新堆砌起你的自信心。

接下來，用以下四個方法餵飽你的「自信心」：

1. 肯定你所有的成功經驗

不要再說「對，可是……」

我曾告訴你，建立、加強自信心的最好方法，就是毫不扭捏地接受他人的讚美與輕鬆自在地回覆對方：「謝謝」。然而，你卻什麼都不做，既不自然接納他人的稱美，也不欣然地回應感謝之語，甚至像莎賓納連自己有個醫學學位，也無法認同！你把所有在你生命中發生的正面事件歸諸於運氣或偶然。這不就是你們的想法嗎？毫無例外！每次你們成功時，都只會推說那是個巧合，還加註說由於這件事太簡單了，大家都可完成。要知道如莎賓納一樣的「大腦多向思考者」，你們所做的否認，只是欺騙自己而已，並非他人。你們只習慣對於不順心的事情，生氣抱怨。說真的，你們已經做了許多很棒的事，可是你們並不自覺。現在正是你們肯定自己所有成功經驗的時候，為自己感到驕傲的時刻。可以邀請你身旁的友人來幫助你，想想你曾完成的成功事蹟，將它們一一列出來。藉由這清單，你可以肯定自己的能力與自我。因為，我發現到你內心有某種機制，會讓你輕易地抹煞自己的成功經驗：

我們一起來看看以下的例子：

「我是做戲劇表演的。」

「那你大概做多久了？」

「喔！大約有四、五年了。」

「那你表演過幾齣戲劇呢？」

「喔！大約五、六齣……」

為了要肯定自己的生命歷程，我們所要作的是明確地說出曾做過的事，如同以上的情況這時你應該回說：「我已經從事戲劇表演工作大約五年左右了，總共表演了六齣戲劇。」

舉例來說，如果你還想再多說一些。你可能會說：「我還會唱歌呢！」但事實上，這位「大腦多向思考者」刻意不提，她練習聲樂約有四年了，而且還參加了爵士樂團約三年左右。她只會淡淡地說：「我會唱歌」，這句話實在太簡略了。因為事實是：「大概有七年的時間，我是以幾近專業歌手的方式在舞臺上演唱。」雖然，這樣的說法，聽起來有點「自以為是」，但這的確是客觀的事實。之前，我們曾經討論過「謙虛」這問題。由於「大腦多向思考者」過度的「謙虛」，則讓你無法客觀地評定自己的實力。因此，我們可以用許多的方式，來肯定自己的成功經驗，例如，以量化的方式：列出數量、階段進程來驗證成果。「一般人」很擅長使用量化的方式計算，我想他們還是有道理的。

還有一點，我不想再聽到你一直說：「對，可是……」。你以為說了「對，可是……」可以讓你說的話有所不同。但事實上，「對，可是……」是用來否定之前的對話。舉例而言，如果我對你說：「我是想留下來，可是……」。從你的耳朵聽到的感覺是：「我得走了！」同樣地，如果我說：「你這人很好，可是……」。雖然，我話都還沒說完，但我相信你一定不會覺得自己真的很好。因此，為了要完全肯定自己的成功經驗，請不要再說任何一句：「對，可是……」。現在正是你練習的好時機。你可以跟好友玩一個遊戲，讓你的好友稱讚你。如果你的回應是否定對方的話，你就得付他二十元；如果你的回應是帶著「對，可是……」的話語，你就得給他十元。現在，我們一起來看看你的朋友是不是很快就會發財了！

「瓦萊麗，你的腿真美啊！」

「謝謝。」

「莎賓納，你真厲害，竟然可以成為一位醫生！」

「謝謝！」

其實你只要稍加練習，還可以做得更好。之後，你可能還會說：「非常謝謝！」或是「謝謝你的誇獎」，或是：「謝謝你。我聽了你的話，我覺得很感動」等。總之，你試著想一想，當你讚美別人時，你最想聽到對方的回答是什麼呢？而那些回答，正是你所要說的話。歐蒂，你認為對不對呢？

2. 你是一個很棒的人，而且很有能力……
你現在只需表現出來，證明自己正是這樣的人！

我們曾在《想太多也沒關係》一書當中提到：你感到自己整天帶著假面具，這感覺讓你非常不舒服，尤其當你得將你工作的成果呈現在他人面前時，他們可能會發出讚美或批評的聲音時，你感受到更大的壓力。其實「大腦多向思考者」一天到晚總是自己嚇自己，對自己說：總有一天有人會揭穿我的假面具，我所說所做的一切，都算不了什麼，還會大聲地批評我是個沒有能力的人。所有這些恐怖的景象都有可能會讓我得到毀滅性的恥辱。

首先，我們先知道什麼樣的人才是真正帶著面具，這些人專門說謊、欺騙，故意誤導大眾。但你的情況並非如此，你不是這樣的一個人。真正的騙子在事件東窗事發後，仍然會毫無羞愧之心，像隻貓一溜煙似地逃離現場。也許你還記得之前，有位政治家發明一個單詞：「行政單位恐懼者」，指的就是那些專門拒繳稅、拒繳罰單或多年不繳交租金的人。但當這位政治家公開痛罵那些「行政單位恐懼者」時，其實就是在說自己。我想你是無法做到這一點的，不是嗎？

如同大多數人一樣，你本質上是個很善良的人。不會傷害任何人，你盡全力完成你手上所做的事，或許這件事的成果並沒有達到你的要求。因此，我建議你，將你所戴的「假面具」摘下來，折好放在你牛仔褲背後的口袋裡。之後，繼續過你的日子。一旦你感受到「假面具」的感覺時，只要輕拍你背後的牛仔褲，嘆口氣道：「唉啊！我可愛的『假面具』，你還在這裡啊？我以為我早已把你丟在路上了！來吧！我們一起開工吧！一起戴上『假面具』！」同時，也請用以上的方式，面對你的恐懼與疑慮。把這兩樣東西，一起放到你另一個口袋中。之後，繼續過你的日子。**無所畏懼並非是「真正的勇氣」，「真正的勇氣」是帶著恐懼往前邁進！**

當你感到「虛假」的感覺時，你會想「證明」自己的價值。但其實這是一種錯覺。這錯覺會帶給你許多危險。首先，假設有一個外科醫生對你說：「讓我來向你證明，我知道如何切除闌尾！」請問你，會讓這位醫生操刀嗎？所以，你看到這個所謂極力想證明自己價值的機制荒謬的地方嗎？我越想證明自己的價值，反而會讓對方更加懷疑我。如果你的友人仍然對你說，你無法證明你的價值，那是因為你的大腦需要「挑戰」，而大腦現在的挑戰就是證明某些事情。你知道一件事嗎？你的大腦喜歡「挑戰」，無法抗拒「挑戰」。然而，這也就是你個人陷阱的所在：外在事實的成功無法肯定你自己。就如同一個外科醫生，他不能從患者身上，確認到自己的價值所在。

還有，一旦你極力想證明自己的價值時，正是給予那些狡猾之人一個可趁虛而入的機會。這些人會探測觀察你擅長的事物，以便一有機會就能操縱你。也就是說，這位心理操縱者會希望你替他（她）完成一件困難的任務。但在你接受任務，進行挑戰的同時，這心理操縱者就會在旁邊，不斷地打擊你、貶低你。這狡猾的傢伙，他（她）要你在進行該任務，證明自己價值的同時，打擊你的自信心、奚落你的想法。但他（她）一定不會忘了自己的目的，希望你持續往前，推進他（她）的計畫。我們可以說這類專門奚落、打擊你的人，通常是懷有惡意的一群人。他們對你總是要求很多，永遠欲求不滿。一個優秀的人，不需要浪費時間來證明「自己很優秀」。只須做你該做的事，永遠不用向任何人證明你的能力。同時，別忘了要自然不做作地接受他人對你的讚美。

3. 做自己最好的朋友

在你的內心中，你要延攬一位教練，這教練需要是有正向積極的想法，還有大量熱情。可以鼓勵你自己，而不是一位專門打擊你的暴君或破壞者。在《想太多也沒關係》一書中，我們已提到過，要如何開除你內心的獨裁者。我希望你早就處理掉這個暴君了。現在我們還得確認：你與你的內在是否是好朋友，你們的對話是否以正向鼓勵、支持自己的態度呢？當你與你內心深處對話時，其實就好像跟你最好的朋友聊天一樣。我猜想，在你閱讀《想太多也沒關係》之後，你應該改變了不少，但你還可以做得更好。試想一下，如果你正是那位熱情積極的教練，正要訓練一位聰明但很害羞、不斷否定自我的人，你會如何幫助他（她）呢？。

你會用什麼話安慰、鼓勵他（她）呢？如何平撫他（她）的情緒呢？那麼，這些話正是你自己想要聽到的話。所以，就是現在，開始吧！把這些話告訴自己！

4. 呵護你內在的王子（或公主）

每隻青蛙的心中，都住著一個沉睡中的王子。

如果你想找到你的青蛙王子，其實不需要殺了青蛙，只需要喚醒那沉睡中的王子，即可。

艾力克・伯恩[8]（Éric Berne）

8 當代加拿大美籍的心理諮商師

你可以發掘周遭朋友間她們的潛能，這是你與生俱來的本能。你會幫助他們找到機會，讓他們一展長才，發光發熱。你就像是灰姑娘故事裡的那位好心仙女，你知道如何把碎布變為晚禮服，把青蛙變成王子或公主。那你自己呢？你心中的那位王子（公主），要如何呵護他（她）呢？請問現在你已經準備好，要細心呵護自己了嗎？我們要找回你的潛能，肯定你的能力，讓你發光發熱。但我們要如何進行呢？只需要對你內在的公主或王子輕柔地說話，讓他（她）成長，讓他（她）有自由呼吸的空間。就好像我們玩一個「如果」自問自答的遊戲一樣。如果我真的接觸得到我內在潛能、如果我真的愛我自己的話，請問我要如何做？首先，請問你寬待自己嗎？當你與你內在對話時，你會用正向積極的句子肯定自己嗎？溫柔地善待自己，以你個人實力找回你對美的鑑賞力。對了！還有你的光芒，你擁有發光發熱的潛能。對自己，需要的是耐心與包容。沒錯，我們是需要時間找回自己的潛能，但請你不要再害怕自己的光芒（由於「大腦多向思考者」天生與眾不同，所以害怕表現出自我，擔心遭人排擠）！

其實，我想傳達的想法很簡單：就是與自己結合。你善待內在的自我，就像是對待你生命中愛侶一樣。有一則珠寶廣告，我很喜歡其中的一句話：「請記住『妳』是妳生命中最重要的女人！」我想這句話也適用在男士身上：「你是『你』生命中最重要的男人！」

認真地看待自己。

由於你強烈希望別人能肯定你的存在，但同時你也害怕受到他人大量的關注或排擠。因此，你自己被困在一個雙重的困境中。假如至今為止，你都不愛你自己、不接受自己的話，那麼別人又能如何理解你、接受你、愛你呢？請找回你真實的自我。這位「真我」是值得被人關愛的、值得別人關心的。灌溉、保護「自我」，就是學習呵護「自我」。一個充分得到養分的「自我」，他的人際關係中是和諧穩定的。一旦你找回真實的「自我」時，你將會擁有沉穩、韌性與堅強的毅力。

其實，「你想成為什麼樣的人」與「你是什麼樣的人」，這兩者之間的差別，則在於你是否會用寬容、同理心來對待自己。你自己必須學會用謙沖的態度，來愛自己的所有面向。只因這一個不完美的你，將會造就你的真善美。

| Part Ⅱ |

不是「錯」，只是「不同」而已——深度了解「精神層面過於活潑」

1 精神層面過於活潑與天才

你只是單純與一般人不同嗎？

首先，第一個要解決「缺乏自我」的最好方法，就是不帶著任何恐懼或假謙虛的態度，誠實地面對自己原本的樣貌。其實「你是誰」這個問題，我們在《想太多也沒關係》一書中就已談論過了。當我們說到「大腦多向思考者」時，我們會問：他們是誰？他們的行為表現是如何呢？這些人是天才資優生，還是一種智商高於情商的人？或是早熟的小孩？是不是「大腦多向思考者」也包括有閱讀障礙、拼寫障礙、算數障礙或圖像障礙……等的XX障礙者呢？又或者這類的人士是過動兒？是無法集中注意力的人、自閉症、左撇子？還是有邊緣性格的人或有憂鬱與躁鬱症的人都可以算在內呢？在《我的自閉生活》一書中，作者潭伯・加登（Temple Grandin）指出，那些擁有超高智商或有閱讀障礙的人，至今為止都是尚未開發的未知領域。

我認為，當「一般人」研究以上提到的症狀、現象時，會過於切割每個症狀，將每個現象賦予單一的醫學名稱。之後，專家學者便專門研究這些各別不同的障礙或症狀。因此，無法發現「大腦多向思考者」，其實是一個整體現象的事實。

為了要了解那些人是「大腦多向思考者」，我們必須先釐清以上各個醫學名稱與內容，其中不同的病理學名中，有些現象在部分的病症中，會有重複或互補的狀況。同時，也必須說明的是：之所以會給這群人冠上某種病理學名，是由於他們的行為舉止與「一般人」不同。也就是說，他們的行為舉止不在「標準值」之內。因此，當我們說某人有X缺陷時，是否我們也可以說這個人只是「不一樣」而已呢？當在這一片病理學名亂如麻的世界中，我們很難將某人特別的行為舉止，判定為某單一病症。尤其是，我們又如何界定某人是屬於合理範圍內的異常現象，或是異常中的特別現象呢？

既複雜又特別的思維

說實在的，你與生俱來的智慧就是你的絆腳石。通常也是你會不認同我的見解，其中的原因之一。很少會有「大腦多向思考者」承認自己的智力高於一般的芸芸眾生。你們當中的大多數人，非常排斥我以上的說法。笛卡爾說：「人類當中最平均分配的事物就是智慧了。無論一個人擁有多少智力，他總會認為自己已經夠聰明了，因為這想法是依靠他自己的智慧所下的判斷。」這句話真令人莞爾一笑！非常適用於「一般人」的思維，但肯定不是「大腦多向思考者」的想法。因為他們實在無法客觀地評估自己的心智能力。

因此，有關於智慧的概念，歷史經驗不會告訴你更多，就如認識硫磺這東西一樣。我建議你使用「思維」二字來看待你的智慧：你擁有的是特別的、複雜的思維系統，其思考運作的方式就像蜘蛛網絡一樣，會不斷地發散，同時還會回溯到之前的經驗。

在《想太多也沒關係》一書中，我曾描述：相較於「一般人」的思維是以線性、序列的方式思考，而「大腦多向思考者」的思維則如同樹枝狀地，開枝散葉。首先，這是理解你思維機制的第一個概念。然而，之後我發現到使用「發散」與「串連」的思維方式來解釋你大腦運作情形是既不完整，也不精準的；「發散的思維」只能說明你大腦運作功能的一部分而已。因為，你的思維運作還包括回溯與交叉功能的網狀思考。而且，假如我說你的思維如樹枝般地發散，其實這說法含有線性的概念在其中。因此，我覺得用「複雜」的思維方式來形容「大腦多向思考者」的大腦功能，其實更貼近。但「複雜」並不一定意味著混亂的意思！

我們來看看埃格・莫蘭（Edgar Morin）如何定義「複雜性的思維」：

「複雜性的思維，首先是一個念頭接著另一個念頭，最接近的意思就是：複雜相互連接的一團物體（compleXus）這一詞，指的是互相交織纏繞成一團的意思。也就是說於一般的傳統思維，人們在知識學問上做各個不同的分門別類，而形成單一學科或領域。然而與傳統的思維相比，「複雜性的思維」會不斷地產生交錯、連續、回溯的思考模式。

這樣的思考模式不同於將知識切割，形成不同科目的「線性思考」模式。因為，「複雜性的思維」是根據其當下事件的情況，將知識重組。如果可能的話，會以整體的方式將各個不同的知識還原於其中[9]。」

因此，當我們觀察「複雜性的思維」運作時，會理解到這是一種系統性的思維：所有的資訊都是根據當下事件的情況（conteXte）進行分析、思考，而以全觀式的概念來解析所有資訊，也就是說某部分的訊息是屬於整體的訊息，而整體的訊息其實也隱含在某部分的訊息裡。「複雜性的思維」是以「迴路」的方式運作，而不是以線性的因果關係運行。這種思維，它不僅考慮到環境的主觀性，也權衡其不完備性，所以，「複雜性的思

---

9 請參考埃格・莫蘭《複雜的思維：單一思維的解決之道（La pensée compleXe：Antidote pour les pensées uniques）》，Synergies Monde, n°4, 2008

維」永遠不會是完美的，也不會面面俱到、盡善盡美。但它會不斷地演變、修正其想法。也因為「複雜性的思維」是一種機械式的互動機制（la cybernétique），當事人會根據原因，便聯想到結果。因此，這種思維模式有如運用汽車GPS（全球定位系統），你的目的地是單一、固定的，但你抵達該目的地的規畫路線則維持靈活彈性，可以不斷地重新評估，根據當下狀況而作調整。我們除了用GPS這比喻來說明你的大腦運作外，其實你大腦所擁有的GPS是更靈活。你大腦中目的地會不斷變更調整，也就是說你連目標都是彈性靈活的。而唯一不變的是，你對人道關懷的價值觀。此外，「複雜性的思維」沒有分層、階級的觀念，他們認為沒有任何一個元件可以控制整個系統。這也許就可以解釋「大腦多向思考者」為何對於社會上的階級概念是如此難以接受的原因！

可是，擁有「複雜性的思維」的人，當他遇到不複雜、簡單的事情時，就會產生無聊的感覺，甚至會發生情緒低潮的情況。這也就可以解釋為什麼「大腦多向思考者」常會被認為有無法集中注意力的缺點。那實在是因為當下的事件，讓他們感到過於簡單、無趣，因此會產生無聊、不專心的行為。

舉例來說，有的父母會對我說，他們的孩子被診斷為過動兒，因此被貼上「無法集中注意力」的標籤。然而，他們發現他的孩子竟可以花好幾個小時專注在堆疊樂高積木上，但卻無法專心在課堂上的學習。「大腦多向思考者」之所以會無法集中注意力的原因：當對話者或演講者說話的節奏過於緩慢，或者過於圍繞在主題的外緣時就會難以集中注意力。此時，「大腦多向思考者」早已淹沒在說話者所敘述的細節中（就「大腦多向思考者」的角度來看），又或者因為他腦中正有個打不開的結，自己一直在這想法裡打轉。我想你也了解在公司上班時，有些會議開起來，真讓人苦不堪言。其實，這情況就是發生在「大腦多向思考」孩子的身上。由於老師課堂上所教授的知識，無法讓這些孩子產生腦力刺激、腦興奮的感受，因此他們在教室中會坐立不安。有些「大腦多向思考」的孩子對於學校的課程相當失望，有些人甚至認為這種學習方式，實在是無聊到死的感覺。因為現今的教育體制不適用於「大腦多向思考者」的學習方式。「大腦多向思考者」對我說道：「我們需要的是可以帶動我腦力刺激，達到我所需強度的心智活動，這樣我們才會產生心理振奮的感覺。然而在我們日常生活當中的活動，很少有機會可以提供如此強度的腦力刺激。」但「大腦多向思考者」也別忘了一件事：小心你大腦所需要的複雜性！沒錯，你的大腦的確是有能力，能讓你在現實生活中，探究宇宙光年的解釋，或只是上上健身房做做運動而已。然而「大腦多向思考者」會由於某種事物帶有複雜的表象而讓自己產生迷惑的樂趣。因此，當你探究某種知識時，若有所不明白：請記得不是你比別人笨，而是你的腦子轉得太快了，尋求太多的說明。請記得回頭來找尋簡單的原理及證據。

那麼，有人會問：擁有一個「複雜性的思維」，這是一種疾病嗎？何不聽聽喬約德・何斯耐（Joël de Rosnay）的說法：「我們一直以線性分析的方式，來研究過去所有的數據資料。然而，今日我們的生活環境則是不斷地改變當中。而此變化速度並非以線性式的增長，而是以恆定數率倍數式地成長。」

然而「一般人」並沒有了解生活環境的變化速度。他們將你的「與眾不同」視為是一種缺陷。

被貼上「與眾不同」的精神疾病標籤

派翠克・蘭德曼（Patrick Landman）博士，他是一位精神病學專家及兒童精神科醫生。他的著作《情緒企業：關於精神疾病診斷與統計手冊的醜聞》，該書引起大眾對《精神疾病診斷與統計手冊》一書的反思。所謂的《精神疾病診斷與統計手冊》（Diagnostic & Statistical Manual of Mental Disorders），是一本有關於各種心理疾病的辭典。他認為由於心理醫師們大量使用該辭典來問診病患，因而產生診斷出了大量的精神障礙者。再加上，心理醫師開出大量治療精神疾病的藥物，有過於氾濫之嫌，如惡性的通貨膨脹。當初之所以會編纂《精神疾病診斷與統計手冊》的目的，其實是為了世界各國的心理醫生找到共通的語言，並比較各個醫師所開出的藥物，所產生的藥效。因此，該手冊在美國也成為各個醫師、心理學家及社會工作者重要的參考書籍。然而，《精神疾病診斷與統計手冊》的主要問題是：專業人員以該書其特定、過低的主觀標準來診斷患者的情緒與行為模式，判斷患者是否有生病或為正常人。所以，這些過於細則的標準也形成該手冊過於劃分各種的病症。

在《精神疾病診斷與統計手冊》的第一版中，約定義了一百多種的精神官能病症。然而，到了第五版時，該書竟有高達五百多種精神官能病症的定義。舉例來說，由於親人過世而產生的悲傷，低潮是正常且長期的過程。在較早的年代，我們還必須在一年內都穿著黑色的服飾，又或者在守喪時期，人會因為越接近忌日之時，情緒會大幅地低落。然而，時至今日，如果一個人的情緒低落超過兩個禮拜時，便就會被診斷為「沮喪」，甚至還需要使用藥物治療。同時，《精神疾病診斷與統計手冊》也積極參與汙名化「不同於一般人的人」的實驗。一開始，診療有學習困擾的孩子，會被稱為「過動兒」。然後，如果這些小孩上課感到無聊，便再給他貼上「注意力無法集中」的標籤。甚至到現在為止，會對一個不遵守規則的孩子，冠上「有對立與挑釁傾向」的兒童。然而，當人們標籤化某些人的行為舉止時，如此診斷決定是相當危險的，尤其對那些未成年的孩子。在美國，有越來越多的兒童被診斷為精神官能症。說真的，如果你想惡劣地對待一個小孩，最簡單的方法就是讓他服用藥物。這可比在學校或家庭裡好好糾正管教這小孩簡單的多。人們以為使用藥物可以讓孩子專心上課或讓父母容易管教。但有所不知的是，一顆小小藥丸絕對比不上一對稱職的父母。現今醫藥產業的影響力其實已不可否認，即使我們一再譴責如此的現狀。同時，濫用藥物的現象也與現代的社會發展有關，因為人們擁有越來越少的時間與空間，來處理個人生活中產生的突發事件。因此，依賴藥物。還有，現今預防醫學的概念中有關於心理領域的問題時，也製造出了道德問題。蘭德曼博士預測，當《精神疾病診斷與統計手冊》第五版在法國出版時，將會有更多人被診斷出更多不同的偽流行病。

首先，你要體認到：你是「與眾不同」的人。因此，你要為此付出代價：人們會在你的身上貼上標籤。鮑里斯・喜魯尼（Boris Cyrulnik）解釋：「當人們看到某種現象時，會創建一個專有名詞。然後，該現象會隨著社會大眾濫用該專有詞彙而產生擴大的現象，對於所有類似的現象，皆一概而論。因此，無論在什麼狀況下，群眾都會積極地、大量地使用該專有名詞。可能會導致有人錯誤使用該詞彙，形成積非成是的效果。由於社會大眾頻繁地使用該詞彙，但我們無法確定大眾是否都充分了解該醫學詞彙所代表的現象。因此，會形成社會大眾人云亦云的情形因此，此詞彙就會形成濫用的現象，會達到很荒謬的程度。有時他們所說的情況與該詞彙所代表的意義毫無關連。對於選擇在適宜的情況下，以正確方式來使用該詞彙的人來說，當然會對這種使用謬誤的情況，感到相當失望。

但就另一方面來說，該醫學詞彙廣為人知，甚至有過於濫用的情況時，會減少社會大眾對該類精神疾病的排擠性。也由於這種真空的專有詞彙現象（指大眾濫用詞彙，導致人們已經不理解它真正的含義），保護了「大腦多向思考者」。比喻來說，新進產生的精神官能標籤「情緒兩極化的人」（同時具有憂鬱與躁鬱傾向的人），簡單地來說，就是指情緒容易波動的人。當大眾不理解它確切的定義時，便濫用該詞彙，成為普遍的用語。也因此，「大腦多向思考者」幾乎每個人都會被貼上「情緒兩極化」標籤，這就是你們要付出的代價。一旦「大腦多向思考者」被貼上「情緒兩極化」的標籤後，其實也就是讓心理操縱者有可趁之機，可以肆無忌憚地長驅直入，掌控你們。而那些相信自己「生病」的人（被診斷有情緒問題的「大腦多向思考者」），他們的親人還得帶著憐憫的眼光，宿命地忍受這些人的壞脾氣。我們發現到大家明明都是在同一個籃子裡，但彼此的思考模式與行為處事竟是如此地南轅北轍。然而，「大腦多向思考者」一直期盼有一天可以了解自己。

但你們要小心：千萬不要讓那些蓄意的人，惡意地給你們貼上心理疾病的標籤，這會讓你誤導你自己。

「與眾不同」不是缺陷

蓮恩・哈德在《亞斯伯格症症狀》一書中寫道：「自閉症」涵蓋了許多的現實面。它的診療界限是位於理解與尚未完全理解的範圍間，因為每個患者都是如此的不同。因此，自閉症的診療其實是彈性且靈活的，沒有特定的發生日期，也沒有特定的結束日。至今為止，科學家們都還不能確定其成因，教育工作者們則不斷地研究討論如何管理這類的孩童。更由於自閉症患者們會顯現各式各樣的症狀，因此，心理學家們也陷於混淆不清的狀況下，不知如何給予患者適合的病名。家長們自己也不能確定是否有耐力，可以接二連三面對這樣的混亂狀況。通常患有自閉症的人都不喜歡說話，但患有該症狀的人，其實也為數不少。最重要的是，自閉症是一種鮮為人知的發育障礙。但就事實現象而言，今日在這社會上的確存在許多未被診斷出的亞斯伯格症者。他們這群尚未被貼上標籤的人，持續生活在這群體當中。

有些「大腦多向思考」的讀者在閱讀《想太多也沒關係》時，突然發現書中所敘述的某些亞斯伯格症狀，正符合自己的情形。例如：對於某件事物，有強烈的「高度興趣」、擁有異常敏感的感官、非常排斥某類食物，或對於人際關係感到無能為力或疏離感等……才驚覺自己可能是位亞斯伯格症者。

在心理諮商的過程中，我也發現到有些諮詢者擁有某些自閉症狀。例如，有些人講話會過於大聲或小聲。或者這個人會靠你靠得很近或離你很遠。又或者有人會雙眼直視你或是有的人是連看你都不看你一眼，還有的人突然會說出一些驚人的話語等……。有一天，一位諮詢者在我的辦公室裡，自己感嘆著說：「但是，我就是拒絕了解，這個世界並非我所認知的樣子！」還有一次，我的辦公室來了一位聰明絕頂、才華洋溢的年輕人。但是他人生遇到最大的困難就是遭受他人或群體的排擠，尤其是在職場中。這位年輕人說話時，臉上沒有任何表情，聲音單調，沒有起伏，有股冷漠感。他對我說：「我為了要跟別人合得來，窮盡一切方法，做出所有符合邏輯，合理實用的事情。但如果他們無法同意我的想法的話，那就是他們的問題了。」當然，對於難以經營的人際關係，他深感挫折，但殊不知，這些問題的源頭是來自於他自己。

最後，我經常會問自己這樣一個問題：擁有完美主義的人是不是也算是一種自閉症的症狀呢？在《想太多也沒關係》一書中，提及：「在完美理想的天花板與現實殘酷地板間，『大腦多向思考者』生存於夾縫中。他會將現實世界中扭曲、不完美的現象，調整到自己所相信的真理上。因此，在家庭、工作場合中，他們所扮演的角色，就如消防隊的救火雲梯，隨時調整高低，協調自己的理想與不公義事件間的衝突。然而這些持續走在鋼索上的平衡者，會因不斷地協調現實與理想的衝突，讓自己的體力消耗殆盡。但他們不放手，堅持自己的信念、理念與信仰。」

我還注意到，有許多的「大腦多向思考者」曾企圖改變現實環境，但還是遭受挫折。因而，對於現實世界，感到徹底失望。所以，他們回到自己內心中，那個多彩多姿的世界，再也不願意面對或抵抗外在的現實了。

所以，我們要問的是：如果「大腦多向思考者」是自閉症患者的話，那又是什麼樣的自閉症者呢？蓮恩・哈德也提到，其實專家們對此說法，還是有所爭論，莫衷一是。美國精神病學家艾倫・弗朗西斯（Allen Frances），他同時也是第四版的《精神疾病診斷與統計手冊》（出版於一九九四年）的主編者。由於弗朗西斯受到蘭德曼（Patrick Landman）博士對於該精神手冊的批評，因此，自己也警覺到「人們對於生活中所有的疑難雜症，有過於依賴藥物的傾向」，而該點在第五版的《精神疾病診斷與統計手冊》

中，也有所強調。同時，弗朗西斯批評診療自閉症的方法，有倒退的趨勢：「我們注意到有許多孩子，他們只有部分符合於第四版《精神疾病診斷與統計手冊》中，所列出的亞斯伯格症的徵狀。我們認為若將這些只有某部分符合亞斯伯格症狀的小孩，都將他們診斷為亞斯伯格患者的話，其病例數據將會呈現兩倍到四倍的成長。但事實上，該病例的統計數據，則是增加了二十倍以上。顯然是有另一個原因，使得該病例數據如此膨脹因為若孩童被診斷患有亞斯伯格症，其父母可以得到學校或其他機構給予的特別兒童福利補助。」因此，可想而知為何有越來越多的案例。

然而，於第五版的《精神疾病診斷與統計手冊》中，其相關作者決定從「亞斯伯格症」此章節中刪除自閉症這一項目。弗朗西斯博士則認為這些學者所作的決定是不正確的：「由於這些學者將全部自閉症的徵狀統稱為自閉症候群，這樣的診斷方式是精簡診斷步驟，而且對於多數被診斷出有自閉症的孩童，並無任何幫助。」

與「自閉」相似

自一九七〇年代以來，神經科學領域開始研究「自閉症」的現象。有些研究指出，自閉症的產生是由於遺傳與神經系統異常的結果。但這樣的研究解釋，已經存在二十多年了。舉例來說，自閉症患者透過核磁共振（MRI），會在大腦的顳上溝部分，顯示出功能異常的現象。顳上溝的功能是用來辨識對方的動作、眼神及臉部的表情。鄔列・葛漢斯班（Pr Ouriel Grynszpan）是法國巴黎大學附設醫院（la Pitié-Salpêtrière）的教授，他使用新進科技，刺激該認知區域，發現可以幫助自閉症兒童辨識人們臉部上細緻表情，尤其是眼睛四周圍的部分。因為人類眼部表情富有高度訊息。此外，在其他國家也有人使用教學方式與行為科技（TEACCH1[10]，ABA2[11]）來幫助自閉症者兒童。

很遺憾的是，儘管近年來各國的遺傳與神經科學研究，不斷地進步發展。但法國內還是有許多醫生沿用弗洛伊德與拉康的觀念，以心理分析法來治療自閉症患者。使得法國成為以心理分析治療自閉症患者的最後一個捍衛堡壘。然而，如此的診療方式則是完全過時的。

今日，自閉症患者的父母們大力譴責使用心理分析的方式來治療他們的孩子。我們可

10 教育診療自閉症及身心殘障兒童（Treatment and Education of Autistic and related Communication handicapped CHildren）

11 應用行為分析（Applied Behavioral Analysis）

以從紀錄片《雨果的大腦[12]》與書籍《路易！一步一步向前走[13]》中，看出這些自閉症患者的父母如何譴責他們的心理治療師對這些孩子使用不適當的診治方式。這些心理諮商師戴著幫助與安慰的面具，一直重複無用的診療方式，而且還使用讓人感到內疚的話語來對患者及其父母說教。為了要遏止如此無建設性的治療方式，法國加來省（Pas de Calais）人民運動聯盟政黨（UMP）省議員丹尼爾・法斯可（Daniel Fasquelle）於二〇一三年一月提出一建議法案——關於協助自閉症患者的心理分析、教育與行為診療方式暨現有補助資金的醫療資源分配辦法法案。我們都應該要感到驚訝，因為竟然有國家需要以立法的方式來保護自閉症患者的心理分析療程！待法國迎頭趕上先進的自閉症治療方式之前，這段漫長的時間內，人們還是會對「自閉症」一詞懷有其負面消極的意涵。當然，我們對這樣的情況會感到憤怒不耐！但我相信當「大腦多向思考者」一旦了解到自閉症的症狀後，可以幫助你真正了解自己。

12電影《雨果的大腦》Le Cerveau d'Hugo是描述一位名叫雨果的男孩。從小被診斷出有「自閉症」，但他卻擁有很高的智商，熱愛鋼琴演奏。該電影敘述一位「自閉症」患者的心路及成長歷程。由蘇菲・海米（Sophie Révil）執導，2012年上演。

13《路易！一步一步向前走》（Louis, pas à pas）該書敘述當路易的父母知道他們三歲的小男孩是「自閉症」兒童時，所遭受到專業心理醫師的責難、鄰人的漠視及陪伴他成長的過程。尤其作者法西斯・培安（Francis Perrin）為法國一著名導演與演員，更受到外界的注視；因此可想像父母所承受的壓力。該書的出版是協助「自閉症」兒童的父母以不同的角度看待自己的孩子及自身。今日，路易幾乎就像「一般人」一樣，可與自己的兄弟姐妹玩耍與朋友溝通，獨立自主。

自閉症者的症狀

為了要幫助你更了解自己，以下我將列出自閉症者的症狀：首先，要曉得的是越來越多自閉症患者提出一項自我聲明，說明他們雖然與眾不同，但並不表示他們是帶有缺陷的人。而且他們還提出以下的說法：自閉症是一種狀態，而非一種疾病。這也是一項美國研究中所提出的說法：「神經系統的多樣性（neurodiversité）」，然而在法國這樣的研究，尚未得到多數人的迴響。加拿大蒙特利爾（Montréal）大學附設醫院的歐樓・可查（Honoris Causa）醫生與米雪爾・道森（Michelle Dawson），她們是國際知名研究自閉症者的專家，在這領域上的努力約有十多年了。她們的結論告訴我們：今日我們要用不同的角度來看待「自閉症」者。因為長期以來，大多數的人都認為自閉症是一種成長發育的障礙。然而米雪爾・道森指出：在與人互動、人際關係的方面，自閉症者的確是有困難融入其中，尤其他們重複性的行為。但是，自閉症並非就是「一般人」的缺陷版。他們只是心理運作的方式不同而已。

十個孩童當中，會有一個被診斷出患有自閉症。而且該情況多半是發生在男孩身上，女孩比例比較少。但根據我個人的診療經驗當中，我不認為患有自閉症的女性，比例會較低。我想只是人們比較容易發現男孩的自閉行為而已。

一方面來說，小女孩的性格通常是溫柔安靜，不太會大吵大鬧，亂發脾氣。另一方面來說，由於社會禮教的影響，會比較壓抑女生的憤怒。因此，一個聰明的小女孩，會變得內斂，學會不任意吵鬧，即使我們發現這女孩有點過於夢幻，喜歡獨處。相反而言，如果這女孩喜歡說話，一直重複相同的話題，像隻吱吱喳喳的小鳥。我們只會把這女孩當成是個話匣子一打開就停不了的人而已。因此，一般來說我們不容易辨識出亞斯伯格症的女孩。舉例來說，有很多的小女孩都非常喜歡看書、對馬兒或芭比娃娃非常有興趣。請問我們會發現這樣的女孩對於某件事物，懷有高度的興趣嗎？就我的經驗來說，只有在小女孩顯現出一些非常特別的徵兆時，大人才會開始懷疑。然而，尚未被診斷出患有亞斯伯格症的女性人數，遠超過我們的想像。可是，這些人在日常生活裡，一定會遭遇許多困難，但她們就是無法理解為何會如此，因為她們未被診斷出患有亞斯伯格症。

再來，當我們提到「自閉症症候群」的人，也許會留下一點模糊的空間，讓人無法察覺到這種人也是自閉症者。加上，人們還對自閉症有許多錯誤的見解與知識。《雨人》這部電影的問世是受到自閉症者，金・匹克(Kim Peek)的啟發。社會大眾透過《雨人》了解到自閉症者可能會有的樣貌。然而，要說明的是並非所有的亞斯伯格患者都像「雨人」電影中男主角一樣，擁有誇張的能力。例如，在電影中，男主角只瞟了一下散落一地的火柴，便能知道火柴的總數目，這只是電影的誇張手法，噱頭賣點而已。但「自閉症」者確實是有某種過人的能力，這點是無庸置疑的。還有一件事要釐清，不要認為自閉症者就是會沒來由地用頭大力撞牆壁、不停地叫喊等。如果你還進一步想了解人們對「自閉症」者的最新看法的話，建議你觀賞《宅男行不行[14]》(The Big Bang Theory)的影集。

當你觀賞《宅男行不行》時，你不僅會有段快樂的時光，而且我也想邀請你研究一下影集中每個主角的個性。我可以說《宅男行不行》中的所有男主角幾乎都是帶有自閉症特徵的「大腦多向思考者」。例如，謝爾頓（Sheldon），是影集中的主要男主角，他就是100％的亞斯伯格症者，儘管該影集的製作人否認這樣的說法。

我想和你要再深入談談典型自閉症者的徵狀。這樣一來，你可以分析自己的狀況。當我們論及自閉症時，可以想像人們對他的刻板印象：這些人就是不會正視你的雙眼，語調單一呆板，臉上毫無任何喜怒哀樂的表情。沒錯，有些自閉症的人是會有以上的現象，但

14《宅男行不行》又譯為《天才也性感》、《天才理論傳》。2007年由查克．洛爾和貝爾．普拉迪所創作的美國情景喜劇。

並非所有的自閉症者都是如此。一般人認為典型的「自閉症」只會作出平衡搖擺的樣子（雙手張開飛翔），口中還會發出呼嚕聲或啪啪聲。但是典型的「自閉症」只會做出一些簡單重複的動作，例如不停地抓頭髮，好像頭髮裡有個結一直打不開；或是緊張地一直摩擦雙手。有時候，一般人是不會察覺，站在我們對面說話的人有自閉症的傾向。再舉例來說，其他典型「自閉症」的症狀，會表現在某個根深蒂固的行為上。例如，吃早餐時，這個人只用他（她）最喜歡的杯子喝咖啡，或是這個人永遠只固定坐在餐桌或沙發的某個位置上。

亞諾對我說：「上次你問我：個人是否有些習慣行為。當下我回答你：『沒有。』可是，我一直惦記著你的話。現在我想說一個游泳池的例子。如果是我一個人去游泳池的話，我想都沒想，機械式地把我的衣物擺在更衣室裡最後一排的置物櫃中。那是因為我很清楚地知道那裡的櫃子不會有人使用。

但事實上，我從來都不知道自己始終都是使用相同的一個置物櫃。某一天，我和我朋友一起去游泳池。由於他的出現，我意識到自己有一個根深蒂固的行為習慣。當我與朋友一邊聊天，一邊擺東西時，他隨意了選擇一個靠近更衣室入口處的置物櫃。當時，我也沒多想什麼，就把我的東西跟他的擺在一塊兒。但當天下午，我整個人就一直覺得心神不寧。我感覺到是因為自己使用了不同的置物櫃，搞得神經非常緊張。隨後，這事件讓我思索了很久。我對我自己說：自己真是個白痴，固執地專注在某件事物上，無法改變。然而，我知道這種偏執感的力量真的大過於我個人所能控制的！」也就是說，我們會意識到自己或孩子是個自閉症者時，是因為自己或孩子會反覆地做出某個困擾我們的行為。但話說回來，我們需要孩子（或自己）出現多少次的反覆行為，我們才會意識到他（或自己）是自閉症呢？還是，當這些困擾我們的行為出現時，我們會採取一種防範的措施，或是接受個人的迷信，不願承認孩子（或自己）真的是位自閉症者呢？最後，有些自閉症者的徵狀不是凸顯在外在的行為上，而是在他（她）大腦裡的想法：例如，產生揮之不去的偏執想法或害怕自己內在的力量爆衝等等。可是，這群人擔心自己會被別人誤認為瘋子。所以，不敢傾吐心中的想法。但如果這樣情況過長的話，這些偏執的想法會讓自己受到傷害。

在《想太多也沒關係》一書中，已經提及有些「大腦多向思考者」注視對方時，雙眼會像掃描機一樣，不停地審視對方。也由於如此不合宜的行為，會讓對話者覺得你可能是在猜忌或想讀透他（她），迫使對方顯得非常緊張不安。然而，我卻未提到有些「大腦多向思考者」與人接觸時，會表現出逃避、閃爍的眼神。由於受過神經語言學的訓練，我理解到當人們說話時，眼球會不由自主地轉動，是表示說話者正在思考想要說的話。

我認為，你之所以閃躲他人的眼神，是因為你內心中正在思索合適的字句來表達你的想法。更有可能的是，你想要把你內心強烈又複雜的感受轉換成字句，但一時之間，找不到合適的文字來表達，而使得你的眼神開始閃爍飄移。此外，我也了解到我的諮詢者們，在他們要進到我的辦公室前，需要一段時間將自己的情感與思想整合排序，才能與我對話。我從來沒有因為他們眼神的閃爍而感到尷尬或質疑。其實他們正在專心地聽我論述。也因此，我更加重視「大腦多向思考者」的眼神，想傳遞的訊息。因為在一般情況下，當個人避免接觸到對方的眼神或雙眼直視對方時，「一般人」對這樣的行為實在會感到很困擾。

娜黛在我的辦公室裡抱怨道：「我的醫生很直接地對我說：『當你說話的時候，你的雙眼需要注視對方。可是，你經常閉上眼睛說話，這實在是件非常不禮貌的行為。』但是，我就是沒有辦法一邊注視著對方，一邊思考啊！我真的做不到。」事實上，當娜黛想說出一些重要的事情時，她的雙眼會閉上或眼皮子一直眨不停時。這樣做，是為了隔離外部的刺激，不會因為外在事件而讓自己分心。我當然也明白娜黛這樣的舉止會惹惱她的對話者。若現在我們談到典型自閉症者的表徵時，會想到面無表情的臉孔，還有說話時一成不變的語調。但也有些自閉症者並不像以上所言。那是由於這位當事人的「假我」訓練自己，在所有情況下，都要表現出友善禮貌的態度。從頭到尾，保持著友善的微笑，帶著和諧的語氣說話。這種被迫的行為會讓你整個人就像個機器人一樣。舉個例來說，當一位「大腦多向思考者」對我描述自己痛苦過往的經歷時，竟然一點都沒發覺自己還能時時保持微笑。

其實自閉症者實在不是面無表情，而是他們的表情感覺很僵硬的樣子。想想這個例子，就像我們要求新聞主播：當你在報導恐怖駭人事件的時候，還是得保持微笑，用愉悅語調的說話。大概就跟這樣的道理相同。可是，我們是不是也要這樣要求自閉症者呢？

有人說自閉症者缺乏同理心與情感，其實，這樣的說法是不正確的。不是缺乏同理心，這件事會產生問題，問題是在學習如何表達同理心與情感。也有人提出：自閉症者缺乏模仿的學習能力，在於這群人缺少鏡像神經元（neurones miroirs）的緣故。這樣的解釋也說明了為何自閉症者很難了解到，社會人際交流裡頭有著不用語言表達而以行為表現的暗示性含意。可是在此後，自閉症者缺乏鏡像神經元這說法，又被推翻。我認為在某些情況下，自閉症者缺乏鏡像神經元真的是另一件事。

我認為社會上的暗喻行為，對「大腦多向思考者」而言，毫無意義，因為沒有明顯的邏輯可以遵循。就比如說：當迎面而來的人，對你說：「早安」時，如果你心裡不是這樣想的話，其實你的「早安」回覆也就無意義了。為何人們總是在某種特定的場合，會重複千篇一律的讚美言詞呢？因為「大腦多向思考者」想要讚美別人時，並不需要限於某種場合，他們會發自內心地說出恭賀的話語，你是可以感受到他們的熱情誠意。還有，你認為一個真誠的人要如何與一個不真誠的人互動交流呢？如傑克・沙樂美（Jacques Salomé）說：「你說話說得那麼大聲，以致於我什麼都聽不到。」我認為「大腦多向思考者」正是運用這個機制，因而無法理解社會上的暗喻行為。

還有加上「大腦多向思考者」從對話者的身上，捕捉到太多的訊息了：一般人口中說出的話語及身體語言所傳達的訊息，有太多的不準確性、不合理之處，甚至前後矛盾的地方。那麼你要「大腦多向思考者」如何在對方傳達的所有訊息中，回應哪個訊息，而又忽略掉哪個訊息呢？實在是因為，太少人言行一致了啊！此外，我認為每一天，「大腦多向思考者」都會多要求一點點的訊息準確性，而幾乎達到病態的行為。可是，若有「一般人」使用「差不多」或看來似是而非的說法時，反而會讓「大腦多向思考者」陷入困惑的深淵中。因此，他們人際關係的不順利，往往都是因為「大腦多向思考者」天真地尋求對方的澄清解釋而造成的。他們不了解「一般人」有很多事情都不是用說的！

精神經病理學家，塞吉・海非（Serge Hefez）提出人類有兩種形式的同理心。第一種是認知的同理心。就是當事人透過對方臉部的表情，說話的聲音、語調及用字遣詞，會感受到對方的情緒。但「自閉症」的人是無法產生以上的認知同理心，因為他們無法辨識臉部表情。然而，有些精神病患、連續殺人犯，他們是知道如何解讀對方的情緒，及適時地利用該情緒從中獲益。即使這些人能感受到對方的情緒，但不會受到影響。所以，自己也就感受不到對方的痛苦了。另一種形式的同理心，稱為情緒的同理心（即同情心）。這是一種分享他人情緒的能力。而精神病患、連續殺人犯則是沒有這樣的能力，但自閉症者則擁有同情心的能力。一旦自閉症者感受到他人或一群人的情感時，當下他所接收到的情緒是未經過濾、全面直接且強烈的。試著回想你之前的個人經驗，當你看到運動選手揮舞著得來不易的獎牌或成功地被一群人促擁歡呼時，多少次你的雙眼朦朧，淚水盈眶呢？

因為你們時時感受到他人的情緒，你們怎麼會有可能正常過日呢？為了保護自己，避免他人的情緒影響到自己；因此，亞斯伯格症者會將自己理性化。舉個例子，假如有人對你說：「反正你自己很明白，有一天你的貓會離開你，因為牠年紀都那麼大了！」顯然這句話都不是我們想要聽到的。但這並不是表示說這話的人缺乏同情心。其實，正好相反，由於他們太容易接收到他人的情緒，因此亞斯伯格症者是有能力可以避開他人的某些情緒。吉廉對我說：「當所有些人支持的足球隊輸球的時候，我真的不明白為何他們會難過到哭泣的地步。」

然後，我們也許會想這些自閉症者並不善於交際，很難與他人溝通。這樣的想法，對於某些自閉症者，又並非是事實。因為有某些自閉症者，他們有能力在某段時間中，把自己偽裝得很好：可以融入人群、結交朋友、參加朋友的聚會，與大家聊天說地，感覺好像自己很樂在其中。這是因為該自閉症者的「假我表象」，會讓大家覺得他（她）很隨和。同時，該自閉症者也需要用「假我」融入人群當中。

但在自閉症者身邊的人，他們是無法察覺當事者為了融入人群，必須假裝得很自然。事實上他們實在心力交瘁，充滿著焦慮感。一旦「大腦多向思考者」處於壓力狀態，就會感到憂心擔慮。所以當夜晚來臨時，他自然會鬆懈下來。隨後，自己內心的批評者開始指揮「大腦多向思考者」工作，折磨自己，指出今天白天中自己所做過的錯事。也就是在這段期間內，「大腦多向思考者」與內心對話，但這個對話會一直不斷地折磨當事人。湯尼・亞德伍（Tony Attwood）所著《亞斯伯格症指南》一書當中指出，當自閉症者花了一個小時與人交流後，會使得個人非常疲憊不堪。因此，他得花一個小時來平撫心情，恢復精神。

儘管如此，仍然有30％的「大腦多向思考者」是屬於外向型的人。我們觀察到這些外向的「大腦多向思考者」通常是在人際關係緊密的社區中長大，還有（或）他們的父母都非常積極投入人際互動中，他們也學習到如何與人群交流互動。

無法預測的情況就是一種壓力

對自閉症者來說，以下的小故事是一個很好的範例，幫助你了解到自閉症者大腦執行功能。《與亞斯伯格症共處》一書的作者：蓮恩・哈德，敘述了一個她自身的遭遇，我也常利用這個小故事來測試我的諮詢者們，用以了解他（她）是否屬於「大腦多向思考者」。以下是她的故事：蓮恩在大學念書時，當然會感受到自己的寂寞與孤獨。有一天，與她修同門課、常跟她聊天的女孩們，邀她一起去逛街。

儘管蓮恩不太喜歡血拼，但還是很高興，終於有機會可以跟一般人建立友誼。因此，蓮恩真誠地接受她們的邀約。她努力地找出最「正常」的衣服，認真準備這場聚會。當天，蓮恩開著車進城與那群女孩在市中心會合。當她來到市中心後，這群女孩們也從車上走下來對著蓮恩說：「你先在這裡，等我們三小時一下。」隨後，這群女孩邊走邊聊著，遠離了蓮恩的視線。

當我的故事說到此時，我都會看一下我的諮詢者他（她）的表情：通常他們的臉色會非常蒼白且變得扭曲。沒錯，人類的邪惡總是會讓你大吃一驚！隨後，我接著問：「在你看來，蓮恩會如何回應呢？如果這件事發生在你身上的話，你會如何做呢？」這位諮詢者很尷尬地回我說：「我真的必須很慚愧地承認，我想我會留下來等她們。然後，等她們回來後，我一句話也不會說。可是一旦我回到家時，我才會釋放出我的憤怒與悲傷。」聽完諮詢者的答覆後，我對他（她）說，你所做的決定正是蓮恩所選擇的方式。而且我還對以下蓮恩所說的話，感到錯愕：「我多麼希望我可以對你說出：我直接轉身，頭也不回地離開那裡。可是顯然地，我做不到。」蓮恩還接著寫道：「假如那次不幸的遭遇是我人生唯一的一場經驗的話。我想到今天為止，可能什麼都記不得了。但不幸的是，那一年中，我幾乎接二連三遇到相同的事。」

因此，我個人就做了一個小小的調查。每當我講述蓮恩故事的時候，我都會問諮詢者，若你站在蓮恩的立場，你們的反應會是如何，記錄下他們的答案。直到今日為止，所有「大腦多向思考者」的回答都是與蓮恩相同的。首先，你們都會很訝異那些女孩的惡意。當你們聽完這故事的時候，你們臉上的表情全部都是相同的：一開始是不可置信，之後轉為失望。隨後，我就問：「如果你是蓮恩，那你會怎麼做？」我總是得到相同的答案：你們的反應也都是相同的。也許你們當中的有些人會稍微地修飾一下話語：「總之，以前我可能會跟蓮恩的反應一樣。但今天的我，已經不會讓別任何人隨意擺布我了。」但我想你這樣說，是為了讓自己心安。

其實說真的，我也不知道你所說的話，會不會成為事實。但我們要如何解釋這個回應呢？尤其是，如何解釋你們都有相同的反應呢？從這個不幸的遭遇中，而大家都有相同的反應中，可以學到什麼？

顯然地，當「大腦多向思考者」遇到這情況時，自己會編出一個「假理性」的解釋：「我是依照個人的道德標準在行事的。我遵守了我的承諾。就讓別人自己，面對自己的良心吧！」或你會說：「我是以身作則。也許我的行為會讓這些人反省檢討。」或者你還會說：「當我善待別人時，他們就會因為我的緣故而有所改變。」然而，你所說的以上信念都是假的。惡意的人，他們從頭到尾都沒有「良心」這個問題，也不覺得有必要去反思自己的行為。他們把別人的善良美意看作是一種愚蠢懦弱。因此，如果你自己願意讓這白痴來虐待你的話，你永遠不會成為一個更好的人。你會有以上的反應是由於你神經系統的問題，你無法放棄自己預期的行為。因為自閉症者有大腦執行功能的障礙。這些執行功能是位於大腦的額葉，用來協調、確認高、低層次間認知功能的雙向溝通。就是當人類面臨一個新的情況時，其大腦可作調整，以反應當下的狀況。然而自閉症者，無法執行這個功能。大腦的執行功能，還可以幫助人們脫離習慣、風險評估、下判斷、做決定或規畫未來及協調行動的優先順序都有關係，也包括回應未知的突發狀況。以下所列出的人類行為，都需要透過執行功能來運作：

中止反射型的回答
轉移注意力
大腦更新訊息
短暫記憶
搜尋長期的記憶等

透過大腦執行功能的運作，可以說明出人在緊張下或有突發情形時，會立即做出不符合常理的判斷。但由於「大腦多向思考者」的執行功能有所障礙，因此你遇到突發狀況時，你會顯得非常無助、無能為力。還有許多「大腦多向思考者」無法開車駕駛的原因，就是因為缺乏執行功能。因此，當你面對無法預測知的事件或突發狀況時，你是無法立即反應做出判斷。所以，也因為這個緣故，更可以解釋你會有預期焦慮的情況：你會預想一些將來可能發生的情況，避免於事實發生時，當下你無法穩定自己。儘管你做了心理建設，預想未來的一些情況，但你還是無法理解世界上會存在性惡之人、會利用你的人或心懷不軌的人。他們總是在趁人不備的時候，利用你、剝削你。也加上，你自己多麼渴望能成為「一般人」，而你以為透過虛假的自我可以幫你實現。但也正是這個時候，這群惡意之人，便抓住機會，利用你、傷害你。這也就是我詳細地說明你行為反應的原因。因為，你一旦更了解你會產生的反應後，更能幫助你有效地保護自己。

就算你死了也無法說謊的理由

確認事件完成的認知是自閉症者的另一個面向，相信「大腦多向思考者」也會想要了解。對於自閉症者而言，他們需要從頭到尾完成某一任務，需要產生一種有能終止該任務並將它歸位的感覺。

由於上述原因，他們無法忍受有人問了問題卻不回答的情況（或是有問題但沒答案的情形），也無法忍受有事物一直處於擱置，尚未完成的狀態，還有短暫混亂的現象。對於一些高度重複性的工作，如清潔浴室、整理家務或買菜等等這類工作，「大腦多向思考者」會感覺到剛剛才做完，不久之後又要重複進行，他們會覺得非常痛苦。因為「大腦多向思考者」在做這些日常瑣事或隨機事件時，為得都只是想要擺脫掉該短暫混亂的現象，回歸到自己所需的認知事件完成狀態。

就一般人來說，假如你有一件很重要的事情，正卡在某個時段，這種情況會使得你無法在這時段之前安排規畫一些事情。舉例來說，在中午時段，你沒辦法去健身房運動的原因，那是因為午餐過後，你得再回去上班。所以你只能選在下班後去健身房，中午時段不能運動。然而對自閉症兒童來說，他們在預期未來的管理上，出現了相當大的困難。他們不知道要如何什麼事也不做。不做事，對他們而言就好像是毫無目標的生活在這世上。

相同的道理，我想很多的自閉症者會有重複行使某些動作，那是因為他們對於確認事件完成的認知需求非常不明確。也就是當事人無法、也不知道如何定義出一個準確的參考值，而該參考值正符合他個人的認知完成。例如，如果你需要十次以上來檢查你的大門是否拴緊，那是因為你還沒有找到一個參考值能確認你第一次檢查完成的認知需求。而該機制也與我上文曾提到的中止反射型回答的障礙，兩者是相互運作的。

認知完成的需求也可以解釋你們當中有些人的困擾甚至可以說你們對這件事情實在是無能為力，那就是「撒謊」。當「一般人」說謊時，我們所說的話，是沒有任何五官的感覺參考值來佐證謊話，因為我們所說的都是虛擬出來的。《深夜小狗神祕習題[15]》是馬克・哈頓（Mark Haddon）所寫的推理小說，作者馬克是一位十五歲的亞斯伯格症者青少年。透過他的解釋，我們了解到「無法撒謊」的機制：假如當馬克說：「我喝了咖啡」這句話的時候，他是可以聞到咖啡香、嘗到咖啡的苦澀，還可以回想的到自己喝咖啡的樣子，也感受到了咖啡杯的觸感。也就是只能透過這些感受，他才能說出：「我喝了咖啡。」

如果他想撒謊，說他喝了茶，他沒辦法有任何感官的回憶來佐證明這個說法。因為此時在他的腦袋裡會想：那我為什麼要選擇茶這飲料，來說謊呢？我可以說我喝了牛奶、橙汁、酒等……唉啊！這麼多的選項搞得我的頭好暈啊。所以，還是說實話吧！因為這比較容易！說實話可以穩定自己的心情。認知完成的需求與無法撒謊，這兩種自閉症者的明顯特徵在影集《宅男行不行》其中的兩集詮釋的淋漓盡致。首先，關於對撒謊這件事無能為

15 英文書名為《The Curious Incident of the Dog in the Night-time》，中文書於2016年出版，主角為亞斯柏格症者，以第一人稱撰寫偵探小說，探索鄰家小狗意外死亡的事件。

力的情形，出現在可憐的謝爾頓（Sheldon）他想說謊來包庇倫納（Leonard）。然後，關於認知完成的需求，謝爾頓（Sheldon）的朋友，艾咪（Amy）想藉由一些蓄意製造的中斷事件來重新教育謝爾頓，因為他從頭到尾只想完成確認事件完成的認知需求。

最後一件我想說的事，對你而言是件麻煩事。可以解釋為何你總是無法與人劃清界限，徹底分手。那是因為你有強烈的「完成認知」需求，即使是當你面對那些懷有惡意，不善待你的人，你還是很難離他們而去。

無論如何，有些「大腦多向思考者」會對我說，相逢自是有緣，生命中我們都會與我交集過的人再次相遇。還有的人，會對我說他（她）無法忘懷已經分手的情人。但如果這段逝去的戀情，你的對象正是一位心理操縱者的話，你需要的恢原時間會更長。另外，也因為你個人的認知完成需求並沒有完成：你需要去了解整個情況、你需要對方承認自己錯誤、你需要真相，你也需要證明你是對的……等，所以，你無法忘懷。

當一位自閉症者，不了解為何自己的人際關係總是出了問題，連二連三地挫折。而每次的失敗、排擠，遭受到的傷害，都會帶給自閉症者恥辱與憂鬱的情形。由於人際關係的挫敗，會相對地影響到他們的能量、熱情與信心。一些「大腦多向思考者」覺得自己之所以會心情低潮，是與接二連三的挫折、恥辱、排擠等壓力有關。正常來說，一個人要從失敗中恢復自信心，最好的方法就是與身旁的伴侶或熱情的親朋好友，建立溫暖的人際關係連結，得到他們的支持與鼓勵。然而，一旦社會的人際關係成為壓力、緊張與疲憊的來源時，我們應該怎麼辦呢？一連串的失敗及遭受他人的拒絕或排擠，就是自閉症者從小到大的生活經驗。因此，以上的情況可以解釋為何有些「大腦多向思考者」長期以來會有很深的挫折感與慢性憂鬱。

而本章的目的，即是說明你個人神經系統的特點，希望能幫助你更深入了解自己的複雜思想體系；同時讓你理解到為何你在日常生活、人際關係中，會產生障礙。當「一般人」為你貼上某種「病態」的標籤時，希望你可以退一步思考其原因，了解到對方的動機。

對我個人而言，我所描述的自閉症者症狀與「一般人」的差異，只是在於你們兩者當中，有一部分的神經系統不同而已。而我個人覺得：今日的世界變得越加複雜，為了要適應當前的現況，一個帶有缺點的複雜性思維，的確勝過一個帶有缺點的線性思維。

最後，本章最精彩的部分，現在即將展開。蘇菲・海米（Sophie Révil）曾執導一部敘事紀錄片《雨果的大腦》，我深受該片的啟發：所有剛出生的孩子，都有機會得到自閉症。然而，「一般人」很快地，將他們的大腦組織運作起來，使其思維能夠結構化，同時也調整他們個人的思考模式。可是，這樣的運作，並沒有正常地發揮在自閉症者身上。因此，他們的大腦終其一生，將維持發散、多重的思考模式。

以下是海米導演的說法：

> 為什麼雨果的成長歷程會與其他的小孩不同呢？那是因為他大腦發育的狀況與其他小孩不同。那大腦到底是什麼呢？大腦神經系統是這世界上最美妙的傳輸線路。我們的大腦是由數百兆的神經元及數百萬到十億條的神經線路連結而組成。透過醫療的成像，我們可以清楚地看到一個想法或感覺，在大腦中行進的路徑。

我們並不是談論人類「氣」的循環，指的是大腦的電路訊號。三歲小孩的大腦，其神經連結線路的數目是成年人的兩倍。因此，孩童在三歲之前，他的大腦就像海綿一樣不斷的學習吸收。舉例來說，孩子會緊抓住每一個他聽到的字（或句），學會它並將它說出口。而這個未成熟的大腦內部結構就如同一片濃密的叢林。孩子為了繼續發展成長，他得將自己大腦的運作功能結構化、秩序化。

三歲到六歲間的孩童，他的大腦會刪除約數十億個不重要的神經元及連結線路，我們稱之為「神經排序」。此時，孩童會專心致力成為一個可相互溝通，適應社會生活的人。孩童刪除掉的神經元與神經連結線路是屬於神經系統內未接受刺激的部分。也就是說，所有的嬰兒一生下來其實便擁有超敏感的聽力。然而這些並未受到強烈的刺激，因此無法繼續進步發展成一個完美的聽覺系統；久而久之，長大後的孩童便喪失了這能力。但是，雨果這小孩，就像其他自閉症的兒童，他們沒有完全執行正常的「神經排序」。他還是保有多到數不清的神經元與神經連接線路。因此，也造成自閉症兒童學習困難的原因[16]。

以上的這震撼性的說法，讓我產生反思，假如我們一生下來，都可能會成為一位自閉症者，而自閉症者形成的原因是由於他大腦並未結構化、秩序化，還有保留部分不重要的神經元與神經連接線路。

那麼，我的第一個想法是：由於人類智力的發展，並不是在於個人擁有多少個神經元，而是在於個人大腦中神經連結線路的數目。那些發散型思考的人是因為他們的大腦並未專注發展成為適應社會型的大腦。因此，這些人的一生當中，都一直不斷地在建立新的神經連結線路。也因此，他們智力發展是隨著時間的推移而成長。

16電影《雨果的大腦》（Le Cerveau d'Hugo）是描述一位名叫雨果的男孩。從小被診斷出有「自閉症」，但他卻有很高的智商，熱愛鋼琴演奏。該電影敘述一位「自閉症」患者的心路及成長歷程。由蘇菲・海米（Sophie Révil）執導，2012年上演。

可是，大腦裡未被刪除的神經元與連接線路，這個部分又是另一個討論的問題！我的第二個想法是：我認為那些會自動刪除不必要部分的神經元與連接線路的「一般人」，是為了專注於人際溝通，形成著重於社會關係型的大腦。隨著時間的推移，「一般人」的修整機制也會持續擴大，因而形成越來越少的神經連接線路。我想這也就是為什麼年紀較長的人容易失去了學習新事物的欲望，也逐漸地害怕新近與未來的資訊。這也難怪，「一般人」隨著年齡的增加，他們生活內容會越來越貧乏，智力也會逐漸降低。以上的說法，也可以解釋為何那些活到上百歲的老人，通常都是具有強烈好奇心的人。

我的第三個想法是：這個說法也可以解釋年輕的「大腦多向思考者」喜歡與年紀較長的「一般人」的在一起。而年紀較長的「大腦多向思考者」則喜歡與年輕的「一般人」在一起：因為這與他們大腦神經連結線路的數目，有幾乎相同的數目有關。

但海米導演的解釋並不能解答自閉症者的「神經排序」機制為何無法自動開啟？我相信極有可能是遺傳的因素或是童年的創傷而造成的。其實還有許多新的研究解釋，說明為何「神經排序」機制無法自行運作。有的人說是因為有些孩童無法消化某類的食物，或是在某段時間吃到重金屬毒物。

但除了遺傳因素以外，是否還有其他原因使得大腦無法自動逕行修整機制嗎？而這些可能的原因是否可以回溯到相同的解釋——細胞記憶呢？所以，現在我將與你一起探索其他可能互補的原因——生物細胞記憶。

2「過人的能力」是來自於前世的記憶嗎？

現在想帶著大家一起探索：「大腦多向思考者」擁有過人的能力是來自於生物記憶。這生物記憶可能是指出生前或後，甚至可以追溯到先祖時代的記憶……。

過人的能力是來自於「遭受危險」的記憶嗎？

我深信：喚醒智力，是危險的一件事。所以，還不如讓智力繼續沉睡，這可安全的多。或許我們要更正確地說，「大腦多向思考者」對於「智商」一詞，非常不自在。但由於危險的驅使，迫使你非得產生創意不可。正如我在《想太多也沒關係》一書說過，我認為許多的「大腦多向思考者」，他們都是非常靈活、有彈性的。假如我們把「大腦多向思考者」置於非今日生活條件的狀況下，他們一定會發展出超過現在的表現，擁有超標準的許多能力。然而，顯然地許多我曾諮詢過的「大腦多向思考者」，由於他們曾經歷過非常辛苦的生命歷程，例如：有吸毒者的父母，或童年時期飽受排擠凌虐。以我個人諮詢的經驗來說，若「大腦多向思考者」的父母當中有一位是心理操縱者的話，另一位通常會是「大腦多向思考者」，受控於另一方的心理操縱。而這樣的結合模式，幾乎是代代相傳，一直重覆複製。因此，我們說「大腦多向思考者」的形成，絕對無法排除遺傳的因素。因為，細胞擁有生物記憶。

克里斯多夫・安德烈（Christophe André）在他所著的《恐懼心理學》一書中說明，有些恐懼是人類與生俱來的，每個物種都帶有天生的恐懼，例如：人類怕蛇、老鼠怕貓等等。而其他不同的恐懼，可能來自個人的生活經驗，例如：失足跌落、被火燒、被咬過等……因此，我們有另一種記憶，稱為恐懼記憶，就像免疫記憶一樣。恐懼記憶會世代相傳。安德烈寫道：「前人留下他們的恐懼，遺留到我們現今的人類物種上。如同其他的遺傳因子，『恐懼』給予人類生存的機會。同時，『恐懼』在人類的生活品質中，也占有相當大的重要性。因此，人類打從生下來的第一天開始，就被『恐懼的神經線路纏繞』。」不過，隨之而讓人類更「恐懼」的是從教育、文化等生活經驗中得到的創傷。每一種恐懼都有其歷史背景，我們大家以為已經夠了解「恐懼」了，但其實，它還是一個祕境，需要更深入的探索。」因此，擁有過人的能力或超智商，這件事是被刻畫在當事人的基因上，也許是他祖先的血液裡，帶有遭受危險的記憶？

失去另一位雙胞胎的記憶

自古以來，人們對雙胞胎的現象非常著迷，因此引起許多研究討論。就神話的角度來說，有許多著名雙胞胎的例子：例如，雙子座的星座傳說（Castor 與 PolluX），希臘神話的阿波羅和阿爾特彌斯（Apollon 與Artémis），以及羅馬神話的羅穆盧斯和瑞摩斯（Remus 與Romulus）。但無論是雙胞胎或是獨自一人出生的狀態，其實我們每一個人都是獨一無二的，即使是雙胞胎也不會彼此相同。就如希臘神話中，顧影自戀成水仙的那西賽斯（Narcisse），就出生單一的人而言，是不是也像他在鏡子中看到了另一個自己呢？

雙胞胎們早就習慣人們對他們的孿生現象充滿好奇，例如：你們雙胞胎是如何生活、玩耍，還有通常會是誰先引起事端等……。人們的好奇心經常著重於同卵雙胞胎的相似性。因為這兩人長得竟是如此相似，但卻又如此不同。因為一旦我們仔細觀察這對雙胞胎的相似性時，也會驚訝於這兩個長得一模一樣的人，會有如此的差異。這的確是事實：有很多雙胞胎兄弟，幾乎長得一樣。雖然專家鼓勵家長教養雙胞胎時，要「去除孿生現象」，但家長們還是會習慣用同一種方式管教雙胞胎：「哈囉！雙胞胎，來吃飯囉！」或穿同樣的衣服，用相同的態度對待。而雙胞胎自己本身因為相貌的相似，也會使得他們聯合共謀某些行為。因此，他們一直在找尋要如何維持這種相似性，還有被他人錯認的感覺。有時，他們會故意騙別人，冒充是另一個人。然而，只要我們仔細觀察雙胞胎，仍然會發現他們有很大的不同。因為，他們的親人辨認這對雙胞胎，幾乎都是毫無困難。尤其他們的母親，從搖籃裡開始，便可以分辨他們的不同。這意味著，儘管雙胞胎有相同的父母遺傳基因，生長在相同的環境下，擁有相同的年紀、性別、外表（就同卵雙胞胎而言）。但是，每一個人都還是一個獨立的個體。透過雙胞胎的例子：他們的相似性及個別性。充分地顯示出在幾乎所有相同的條件下：每個人都是獨一無二的，各自擁有獨特的個性。另一件令人欣慰的事：儘管科學的進步，即使在實驗環境中，複製相同的個體，但每個人還是獨一無二的個體！

我們對雙胞胎現象深深著迷的另一個原因，即是雙胞胎之間的關係。透過他（她）們，我們可以看到兄弟（姐妹）之間的手足之愛發揮到極致。如果我們先不討論這對雙胞胎之間差異的話，這對兄弟（姐妹）其實很清楚地了解到，對方會產生的行為反應。因此，你會很快的發現到：這對雙胞胎並不是兩條平行線，或受兩個相似的個體，而是一對雙胞胎或一群雙胞胎。他們兩人即可形成一個微型社會，各自扮演該有的角色。我們甚至可以比喻一對雙胞胎，就好像一個國家的縮影：

自己的官方語言：當雙胞胎出生後的六個月內，他們彼此會發展建立自己的語言，相互溝通，只有彼此能夠了解。

如同國家的行政單位各司其職：政府部門中有外交部與內政部，因此，有一個習慣主事外交的哥哥（或弟弟），他會心甘情願代替他的兄弟遭受責難或挨罵。

有一個總統：在雙胞胎中，其中一人會在體型及（或）智力取得優勢。另一位較不突出。在男女雙胞胎中，女孩通常是主導人。從這個例子中，我們可以得出現今社會情況的結論嗎？

因此，雙胞胎的研究，的確是實至名歸。研究雙胞胎的專家，路吉・蓋達（Luigi Gedda）說：「雙胞胎研究是科學發展之母。科學的產生是因為雙胞胎的現象。」透過雙胞胎兄弟或姐妹的現象，我們深入研究遺傳因子、兄弟姐妹的關係、夫妻關係，甚至大到整個社會的運行模式。

然而，在我們之中的某些人，擁有更強烈、更緊密的雙胞胎關係。

一次心理諮詢中，黛安說：「我昨天作了個很奇怪的夢，我夢到我在高速公路上開車，有一輛家庭房車就開在我的前方。可是，它的後車門是敞開的。我看到在車廂裡有兩個嬰孩。突然間，有個小嬰孩跌落車外。這情況可把我嚇醒了！」

其實以上的夢境，對於一個生下來，應該有另一位雙胞胎的兄弟（或姐妹）陪伴的人來說，具有強烈的象徵意義。根據科學數據指出，有百分之十二至十五的孕婦，在懷孕的初期，是懷有雙胞胎。但到生產之時，實際雙胞胎的出生只有百分之二的機率。由於這數據，讓我們意識到世界上將近有百分之十的人口，他們在母親懷孕的初期，是有另一位雙胞胎的陪伴；可是到出生之時，只有獨自一人。也隨著試管嬰兒的普及，會有越來越多的雙胞胎現象或子宮外孕案例的增加；但到出生之日，只有一位嬰兒誕生的案例也隨之增加。所以，在我們的人口中，一定有超過百分之十的人口，曾在母體內失去另一位兄弟（或姐妹）。由於人們在懷孕的初期，不管是母親或醫護人員會忽視腹中胎兒是否為雙胞胎。如果懷孕的過程一切都順利，媽媽即使在初期時，有一些出血症狀，也會視為是一種普遍的現象。即使可能是另一個雙胞胎的流失，大家也不會太在意。假如醫護人員發現到有另一位雙胞胎的流失，如卡在胎盤中，他們通常也不會告知孕婦。因為她正處於孩子即將誕生的喜悅，為何要讓她驚嚇呢？然而，對這位幸運來到世上的單一雙胞胎而言，在無意識中，他（她）保存這樣的記憶，會對他（她）未來的生活產生顯著的影響。

試著想想有一個人來到這世上，但他（她）卻記得與另一個人的回憶與情感。尤其身為雙胞胎的倖存者，他在母體產生有生以來的第一次悲傷經驗。通常在家庭群體心理治療[17]的機會當中，我們才會發現家庭成員中有的人有出生的回憶、包括喪失雙胞胎的記憶。因此近幾年來，人們已經將「產前回憶」列入心理治療的項目範圍中。

這位失去另一位雙胞胎的嬰孩，其實他（她）在未出生前，便已經了解到死亡的意義。因此，他（她）是帶著害怕、內疚的心態來到這世上的。這單獨出世而長大的當事者，會自我想像自己因為過於倚賴他人而遭受被人拋棄的恐懼，因為他（她）個人會建構一種自我懲罰的態度。為了避免受到他人遺棄、排擠與隔離，因此他（她）會產生許多莫名的焦慮與痛苦，無法自拔。也由於這位當事者是倖存的雙胞胎，一出生便能感受到不幸、強烈的孤獨感，永恆的內在空虛。即使他（她）身處於歡樂的氣氛中，倍受朋友的喜愛；但這種感覺是久久揮之不去，永遠存在。因為另一位雙胞胎的死亡，對他（她）留下了終生非理性的內疚。這單獨出生的嬰孩通常會認為是他（她）自己的緣故，一個不小心的行為傷害他的兄弟（或姊妹），或是認為自己無法即時援救對方等等。這種強烈動物性

17 請參閱歐司特曼等人（B. 與A. Austerman）所著的《喪失雙胞胎的症狀》及安貝特（C. Imbert）所著的《你想念的人……你有另一位兄弟姐妹嗎？》或參閱《家庭群體心理治療》於本書「參考書目」。

的恐懼，深植於他（她）的大腦當中。也因此，當事人對於各種的危險及惡意行為，都變得非常敏感、謹慎。由於出生前的不幸事件，更加深他個人的孤獨感，也更加重自己不依賴他人的行為，凡事只會想到自己，避免又遇到遭人遺棄的恐懼。

但在此同時，他（她）也會不停尋找另一個「我」。因此，使得他們的人際關係受到阻礙。由於獨生雙胞胎是以典型雙胞胎的對話方式與他人溝通，然而這樣混亂的對話內容無法被身邊的朋友所理解，因此當獨生雙胞胎產生了無法與人溝通的困難時，也就喚醒了當事人深藏的挫折與孤獨感，還有依戀另一位雙胞胎感的情愫。最後，他（她）只好內疚痛苦地活著，感覺到自己不是一個完整的個體。同時，更排斥生活中所有的幸福喜悅，把自己深深鎖在長久的憂鬱之中。

你是不是也有相同的狀況呢？其實在日常生活中，如果你有以下的態度或行為時，我們可以猜想的到：你可能曾失去另一位雙胞胎。

例如：當你面對一對雙胞胎時，是否會有不自在的感覺呢？或對雙胞胎現象感到非常地迷戀、嚮往呢？因為，思念另一位雙胞胎的態度會非常顯而易見。

這些獨生雙胞胎，在私底下他們會不停地尋找與他（她）有相同出生年、月、日的人。而且通常這些單一出生的雙胞胎會說：在出生後的六個月（或一年後），自己才會意識到可能有另一位雙胞胎兄弟（或姐妹）……。

因此，失去雙胞胎的人會透過身旁的人如朋友、同事，自己重建虛擬的雙胞胎關係。通常，他（她）尋找到的對象，其年齡、體型是會與自己是相同。然後，這單一出生的雙胞胎會漸漸地模仿他所投射對象，說話的態度、表情、髮型、穿著、參與的活動等。

獨生雙胞胎的人，習慣和自己假想出來的人對話，他們會覺得自己在跟另一個「我」交流。

買衣服時，這類的人會買兩件相同的衣服，留著一件備用，然後他（她）會藉口說這衣服的剪裁很好，很難再找到合適的，或說兩件比較便宜等的理由。其實，這也是典型的獨生雙胞胎；還有我們注意到獨生雙胞胎的人，在算帳時，會算兩次；拍照時，會拍兩次相同的景色；甚至連襪子的整理方式也是成對的：晾晒時會成對地擺放一起，然後相同的款式，不同（或相同）的顏色也會放在同一個置物櫃中……這些進行配對的行為，都可以說明出他（她）是獨生雙胞胎。

為了治癒我們自己，我們需要了解這些情況，才能了解自己。獨生雙胞胎終於理解到為何自己一直處於不自在的狀況，他（她）才會真正的放下，重新找回活在當下的喜悅與生命的意義。最後，他（她）需要做一些象徵性的行為，來悼念失去的另一半，這是一個必要的過程，可以讓當事者重新找回自我認同，確立單一完整的自己。

透過逝去的雙胞胎，我們可以解釋為何有些「大腦多向思考者」在他們內心深處總有一種不完整與不自在的感覺。也是因為在這世上約有百分之十的人口，他們的心理狀態都可能與另一位雙胞胎的消逝有關，也因此，更加深了我想研究雙胞胎這主題。

最後，另一位雙胞胎消逝，這解釋至少可以部分說明為何「大腦多向思考者」面對心理操縱者時會無比脆弱。因為這位心理操縱者為了要贏得你對他的信任，只要虛情假意地偽裝他自己跟你相同，你所喜愛的事物他都喜歡，如電影、書籍或音樂等！隨後，「大腦多向思考者」就會認為這位心理操縱就跟你一模一樣，有相同的價值觀、想法，還有共同的嗜好，你覺得這一切都太美妙了！甚至他還會與你同時說出一模一樣的話！然而，「模仿」是世界上最強大的武器，所有人幾乎都無法抵擋。

「大腦多向思考者」覺得在這世界上難以尋覓知音，而你是如此地幸運，可以遇見與你擁有相同嗜好、想法與價值觀的人。你如何不為之傾心呢？又加上如果你是一位獨生雙胞胎的話，你下意識的心懷對雙胞胎的嚮往，正好讓這位善於模仿的心理操縱者趁虛而入，與你產生誤以為是的共鳴。當然，他掌控你的效果必定大大加倍！

可憐的獨生雙胞胎，你如何能抗拒這樣的人？此外，就雙胞胎者的觀點而言，獨生雙胞胎者長期以來需要的是一種琴瑟和鳴的關係。但社會上很少有人可以回應這種需求。但心理操縱者為了私己的利益或害怕被拋棄，正好利用了你所需要的關係，而從中獲得好處！最後，我們也常在雙胞胎的互動中，看到其中一人經常居於主導地位。但獨生雙胞胎一出世，便有著對另一半的懷想及強烈內疚感；自然而然地，他（她）也就接受已逝雙胞胎的替代者——心理操縱者——的統治。

那麼，我們是不是可以解釋：由於「大腦多向思考者」在子宮裡體驗到了另一位雙胞胎的死亡，而造成這位獨生雙胞胎無法自行產生「神經排序」的機制呢？還有，在真正雙胞胎的案例中，是否也存在著一種自然分工的狀態：一位是右腦思考者，另一位是左腦思考者呢？那麼，這一位獨生雙胞胎（指右腦思考者），是不是正好欠缺「另一位」左腦思考者呢？

而我之所以對「母體中逝去的另一個雙胞胎」如此感興趣的原因，是因為在我許多的諮詢療程中發現，有很多「大腦多向思考者」的談話是非常混亂的，並帶有與兄弟（姐妹）對話的感覺。此外，「大腦多向思考者」自己也經常談到獨生雙胞胎的情形。所以我們要體認的是，細胞記憶其實可以更往前回溯到生命誕生於母體子宮內的生活。

關於靈性的感知

放逐，是人類的命運。上癮者與藝術家這類的人，對於分離與孤獨的感覺，都是異常的敏銳。他們試著找尋一種方法來超脫這種感受，期望能回復到和諧之中。然而，人的苦難就是身處於兩種世界當中，無法得到完全的解脫。身為肉身之人，我們無法造訪那更高層次，屬於眾神之地的仙境。但我們也無法忘懷，那不斷地縈繞在腦海中，若有似無的記憶、直覺……尚未來到這世間之前，我們是否也曾居住在那星宿或永恆當中呢？然而不幸、宿命的我們，不得不受限於肉體、時間與空間的限制，暫居於低層次的國度裡，讓原始動物的本能、熱情、仇恨、欲望、野心與恐懼來主宰我們。

但是，我們的確感受到來自更高層次的呼喚。然而，我們還得在這裡再待上一段時間，過著感官體驗的生活。結果就是：我們不斷地努力掙脫，卻弄得渾身是傷。依然陷身在這世間中，動彈不得。只因我們都是困於肉身之軀的天使。

史蒂芬・普斯菲爾德[18]（Steven Pressfield）

18《成為實踐家》（Turning Pro）的作者。

在《想太多也沒關係》一書中，我曾多次提及「大腦多向思考者」的精神層面：你們具有崇高的良知、人道的價值觀，以及與宇宙連結的經驗。記得嗎？我在《想太多也沒關係》一書中提過彼得，他個人DNA與黃花團DNA相互融合的神祕體驗！我聽過你們當中有許多人，都提過那些神祕奇異的感官體驗……尤其在眾多讀者來函中，許多人都與我確定，自己曾有過個人意識擴張的經驗。儘管在上一本書中，我以謹慎的態度，簡短地帶過這神祕體驗的主題，但還是有許多讀者來信感謝我的順道一提。儘管我認為靈性這主題，的確涉及到個人經驗、隱密的部分。然而，今日當我再次論述靈性主題時，不會再草草帶過了。本書後續的章節，會再與你們一同討論人道價值的信仰問題，例如：你們渴望追求完美的境界、理想主義等。之後，也會談到你們個人崇高的良知與宇宙連結的經驗。由於「『大腦多向思考者』的行為處事，都是透過「心」來思考、來反應，因此他所做的每一件事，都帶有情感，即使是物品（這些「大腦多向思考者」都帶有相同的電子）」。還有你們傾向接納的宗教儀式，也比較能夠適應在隱諱、封閉的社會中。

因此，我下的結論是：「為了要生活在寧靜、和諧、尊重當中，我們需要擁有的是大智慧，而非不成熟的情感。」我也開始漸漸相信「大腦多向思考者」，他們的身上都帶著原始的祖先記憶與普世的靈性這類的想法。

我想舉個例子來說明以上的想法。以下這篇文章是在Facebook節錄下來的。由約翰・拉梅迪（John Lame Deer）所寫，他是一位美國印第安人原住民，出生於一九〇三年，逝世於一九六七年。他說：「在我們白人的弟兄，尚未來到這片土地教化我們之前，我們不懂什麼叫做監獄，因為我們當中沒有人犯罪；我們也沒有鑰匙或鎖這類東西，因為我們沒有小偷。還有，如果有一個人窮到連馬匹、毯子或帳篷都買不起時，就會有人贈送他這些禮物。雖然，我們並不是那麼的文明，那是因為我們不重視私有財產。我們擁有物品是為了轉送給需要幫助的人。我們更沒有錢，因為我們不認為一個人的價值是透過財富來決定。我們沒有文字寫出白紙黑字的法律，也沒有律師、檢察官、政治人物。因為我們不會欺騙或欺詐他人。在白人尚未來到這片土地之前，我們真的走在不同的路上。我也無法確定如果沒有以上這些的存在，是不是真的無法繼續過日子（這是我們的白人弟兄說的）。因為這些基本的東西，於對一個文明的社會而言，是絕對必要的。」

相信你們當中的許多人，對於以上美國印地安原住民的話語，有著深深的共鳴與迴響！

就如我在《想太多也沒關係》一書中，強烈地建議「大腦多向思考者」需要追求你們對靈性的渴望。現在我要給你們更多、更詳盡的靈性建議。首先，如同以上所言，靈性是在個人經驗中屬於非常私密的範圍。其實，當我在撰寫《想太多也沒關係》一書時，我曾讀過一些追求靈性的建議，但尚屬零碎、不完整的見解，還帶有些許的神祕宗教色彩。然而，在大家都以為是「偶然」的機會中，但事實上這些都不是偶然的狀況。同時，也正是我最喜歡的狀況。那就是我「偶遇」到了派翠克・杜凱（Patrick Dacquay），他送了我一本他的著作《在這塊土地上，薩滿祖父想對他子孫們所說的話》。

杜凱是凱爾特人[19]（Celte），承負祖先傳統，屬於長老圈中的首領。他原來的族姓是迪奧（Déo），原名是守夫・塔（Soof-Ta）。長久以來，薩滿教遍滿世界各大洲，它所傳達的是一個普世的價值：祖先的智慧。幾個世紀以來，薩滿教受到許多國家政府及官方宗教的長期迫害，目的是根除此教。儘管薩滿教受到嚴重的壓迫，所幸尚未完全滅絕。他們的根基依然屹立不搖。現今透過大眾的口頭傳播，處於發揚復興當中。

薩滿教每年會舉辦國際薩滿節，目的是讓來自世界各地的薩滿人分享、交流他們的宗

19 凱爾特人為公元前2000年在中歐活動的民族，主要分布在當時的高盧、北義大利（山南高盧）、西班牙、不列顛與愛爾蘭，與日耳曼人並稱為蠻族。這些地區擁有相同的文化與語言的特色，其中也有血緣關係。

教儀式。這也正是杜凱一書當中所講述的內容。

當我在閱讀這本書的時候，「大腦多向思考者」一直出現在我腦海中。首先，要先說明杜凱是以感官的筆觸來撰寫本書。當你們閱讀的時候，可自由評論是否為真。以下我將摘錄關於他描述「氣」的一段文字：「歡愉的感覺，就像是你被風舔了一下，或面向大海的感受。『氣』是屬於凱爾特人的一部分。站著懸崖的邊緣，你努力地保持平衡，就像是一隻即將展翅高飛的鵬鳥，追求完全的自由。感受『氣』，就有如你面對浩瀚地平線，讓陣陣的狂風平息你內心紛擾。讓『氣』貫通你的大腦，讓『風』吹醒你的心靈，平息了你心中的重擔……。」

五官敏感的你，當你閱讀杜凱的敘述手法時，是不是會讓你不由自主的起了雞皮疙瘩？同意嗎？再者，杜凱所講述的薩滿教價值觀，正與我所見到的「大腦多向思考者」不謀而合。再舉個例子關於杜凱說明薩滿教的立場時：

無階級制度：如同「大腦多向思考者」很難接受尊卑貴賤的階級觀念。因為你很清楚地知道團體當中，誰是屬於不公正及不稱職的人……。

對等原則：你幻想有一天，人與人之間的相處，是平等以對。但是，你對你自己可不是如此！（我想說的是：沒錯，你是一個慷慨、願意分享的人。同時，也不想要占他人的便宜。但事實是，你只實踐了一半的「平等原則」。你要開始學習接受對方的回饋，也知道要向別人要求……我將在之後的章節，詳述此點。）

平凡簡單：這也是你非常了解的，就是你口中經常說的「謙虛」！

還有，薩滿教秉持以下三種真理：愛（普世原則）、信心（相反詞是恐懼及不願意真實面對的自己）與感覺（直覺、直觀。如同「大腦多向思考者」與生俱來的本能）。愛、信心、感覺這三種價值觀是不是很符合「大腦多向思考者」的理念呢？有兩種方式，可以落實薩滿教的價值觀，即是榮譽與乞求[20]（invoquer），這種想法完全符合你的傾向：信心與感激。有時「大腦多向思考者」會過於天真，但有時也充滿智慧。總之，「大腦多向思考者」是個很固執的人！

杜凱一書當中，有四個討論的篇章，個人覺得非常有趣，那就是：礦物、植物、動物和人類。透過杜凱善於敘事的風格，我相信你們將會聽到礦物寶石之間的對話，古老與新生樹木間的縈繞密語！哈！我跟你們開玩笑的！其實，我想說的是，透過杜凱的書，你們將會重新發掘你們與生俱來，與宇宙連結的能力，還有能細膩地感受到周遭事物所發出的訊息。總之，我相你們應該了解我想說的話了！強烈建議你們閱讀杜凱的《在這塊土地

20法文invoquer該字，譯者翻「乞求，懇求」之意，並非是向人乞討，而是向上天求助或是向周遭的人求援。

上，薩滿祖父對他的子孫們所說的話》，該書總結了薩滿教所有的面向，幫助你對薩滿教有具體明確的想法。

薩滿教傳達的是：普世的價值與開放的靈性。它的基本教義正符合你潛意識裡的回憶。我想透過薩滿教的啟發，能讓你更加挖掘對這世界的興趣，也能夠更了解自己，持續地邁向你的靈性與宇宙合一的旅程。

事因、情緒及信念都具有「磁性」

自十九世紀末以來，人們透過顯微鏡能觀察到微小的物體。然而，古典物理學的解釋無法說明無限微小的觀念。因此出現了量子物理學理論。在此之前，科學沿用推理分析法，暗指事物有其客觀性的存在。然而，如同你複雜的思維，量子物理學否認該客觀性的存在，接受研究者表達的主觀性。基於古典科學的研究假設法，就是一一的去論證假設的謬誤，採用刪除原則。因此產生了研究者挑戰決定論、達爾文主義、三度空間的概念，還有時間、物質等觀念及大爆炸理論等。精神分析這門研究如同科學理論的進展，其發展極為的緩慢。而研究分析的方法幾乎是同出一轍，了無新意。一個已經被證明是錯誤的概念，至今大部分的人仍把它奉為圭臬。而這樣的作法，就像是輕信旁門左道一樣的危險。舉例來說，關於自閉症者的診治。在法國，大眾普遍認為自閉症者是一種個人成長遲緩的現象，尤其在教育傳播方面，也是給予相同的資訊。但我認為之前曾提及的影集《宅男行不行》，更能讓年輕一代對自閉症者的認知有最新的了解與科學新知。這的確是一個有趣，但也矛盾的現象。

該影集中，那些年輕學者們的對話幾乎是合於科學原理，非常的標準嚴謹。儘管我們時常抱怨今日的電視節目毫無內容，乏善可陳。但《宅男行不行》對年輕人來說確實是一大福音。他們有機會可以學習到最新正確的科學新知，同時也寓教於樂。

值得慶幸的是，儘管許多人處於古典科學，陳舊見解與過時不適宜的理論中，還是存在著兢兢業業、滿懷熱情的學者，他們以開放好奇的態度，尋得驚奇的發現。一九九七年，物理學家胡安．馬德辛那（Juan Maldacena）提出大膽的宇宙模型假設：宇宙是由極小、極薄的振動弦而組成，引力產生即是這些弦的緣故。也就是說，真正低維的宇宙，它本身的構成可能極微簡單、平坦，且無重力的狀態。初具規模的重力是由微小振動的弦而開始的。同理可證，我們的世界外觀，是由許多無限小振動琴弦投射出的物理世界。物理的運作性因而確立。

整個世界的複雜度，如同數學維度上的模型，空間中存有九個維度，然而只有一個全像圖：真正動作在沒有重力的宇宙中，形成了極其簡單、統一的形式。現代物理學家們欣喜地學習到馬德辛的見解，透過他的超弦理論，使得大眾更容易了解宇宙的成形。然而在堅固的理論基礎下，超弦理論尚未透過實驗而獲得證實。但該理論同時，也回應了量子物理學與愛因斯坦引力論間的差異。

請不要因為閱讀以上複雜的量子物理學而氣餒。其實市面上，還是存在著其他簡單易懂的量子物理學概念。例如：有一部很棒的電影《我們到底知道多少？[21]》，及本書中我所列出的參考書目：《翻轉思考》（Transurfing）與《你的生活就是一場量子遊戲》，再外加上一些網路上流傳的文章。你會更容易了解量子物理學。我之所以會提及量子物理學的概念，目的是用來激發你的思考力，挑戰你的大腦。因為它需要複雜的思想，知道什麼樣的知識或建議是真實正確的。因此，回到量子物理學。這概念想要說明的是：我們都浸淫在動能的世界中。物質是不存在：所有的事物，都是振動的弦。例如，我們的思想、

21《Que sait-on vraiment de la réalité？》英文片名為《What the Bleep Do We Know？》這是一部討論物理量子論、物質、真理等的概念影片，有許多著名學者接受採訪。

情感、信仰等，這些都是一個帶有磁性的字符。這些字符會轉譯為干擾其他現象的量子波。物理量子學的觀念，幫助我們了解到一切的事物其實都是因果相連，一個微小的變化可以振動整個系統巨大變化的連鎖反應。

如同彼得的經驗，當他感覺到自己成為小黃花的一部分時。這經驗在科學上也是可以說明解釋的。你的感受會連結到一切事物，連結到宇宙或連結到其他的現象。這感覺是真真確確的，因為這是一種能量的連結。如同之前我曾引用過《轉換思考》一書中非常重要的概念：「鐘擺」。當我們贊成某事物的振動頻率，正與站在反對面的振動頻率是相同的。所以，你越贊成某事物，也就會越接近你的對立面。舉個例來說，當我們很想聽到某個廣播電臺時，總會一直轉到自己不想聽的電臺頻率！你不覺得這樣的行為很枉然嗎？因此，你得學會不要再對你反對的事物過於偏激。因為透過你的振動頻率，反而會更加增強它的頻率。還不如在你的生命中，建立自己想要擁有的人事物連結關係。

關於創造性的思維與正面思考的方法，懷疑論者總是會以訕笑的態度來看待。但這些人錯了：這些方法確實有用！請記住以下的句子：「每個人的腦中，都種下了兩種不同的思考種子，一種是正面，另一種是負面。我們所表現出來的行為，正是我們對腦中種子所灌溉的成果。」（如果我們的思考是負面的，代表你花許多心力關注這顆負面的種子。因

此，你所表現出來的行為，也會是負面的）

即使你們當中有些人不太懂以上高深量子學的理論。但我深信有許多人早已身體力行量子物理學的原理，尤其是那些曾經有過神祕體驗的人。最後，我發現薩滿教與量子物理學的概念，有異曲同工之妙，例如生命體、人或大自然的接觸，一切都讓我深深地著迷。

我希望你們讀了以上的概念後，有些主題能夠引起你們的好奇心與求知欲。因為你們要幫助你那渴望學習、探究事物的大腦，找回似曾相似的記憶，讓你的大腦能更自由、更和諧地思索這個世界。

3 大腦多向思考者必須了解一般人的行為模式

一個在病態社會裡適應良好的人，並非表示你就是擁有健康心靈的人。

克里希那穆提[22]

你大部分的痛苦來源，是來自於自己與這整個社會的運作模式落差太大，相當格格不入。你感覺自己被排擠、被隔離。因此，你大聲地喊道：「我是來自外太空的人！」你所居住的世界充滿了邪惡、殘暴、惡行、謊言、利益、殘酷、暴力、權力、背叛、陰暗面及缺乏正義感等，你無法理解這些行為。因此，你會產生反叛的心態。這星球上的人看來都是不人道、荒謬，而且專作損人不利己的事。正如蓮恩・哈德威利的故事，對於那些不道德行為，你總是感到訝異，也激起你想起那個遙遠的美麗世界，大家都各司其職，各盡本分的生活模式。但如今，你必須體認到這樣的社會是不存在的。因此，重要的是你必須把

22克里希那穆提（Jiddu Krishnamurti）（1895年—1986年），印度哲學家，首位以通俗的語言，向西方全面深入闡述東方哲學智慧的印度哲人。在二十世紀一度對西方哲學、宗教產生過重大的影響。被印度的佛教徒肯定為「中觀」與「禪」的導師，印度教徒認他是一位澈悟的覺知者。

自己拉回到當今的社會環境當中，認識這個社會，學習它的運作模式，而不是一直抱著理想主義，寄望這個世界變成你夢想中的美好大地。對你而言，認清到這事實是相當重要而且迫切的。因為，你經常告訴我，你真怕自己是個瘋子。其實認為自己瘋了的想法都是有跡可尋，正常合理的：因為你經常從疏離感航向到另一個疏離感上。

你擁有三種不同的疏離感

對於現實世界，方索瓦・史高（Francois Sigaut）定義三種不同形式的疏離感：

心智疏離感：你自己看不清你所處的真實世界，而其他人都看到了。所以，這很清楚的表示：你就是瘋了。文化的疏離感：你自己看不清你所處的真實世界，而其他人也都無法看見。可以說是我們大家都處於一種集體催眠的狀態中。舉例來說，一群信仰某一宗教的信徒。同時，你也知道到其實這群人就是都處在同一個鐘擺的意思。對，沒錯。這樣的一群人是通過鐘擺的稜鏡而看到他們所面對的現實環境。通常，這樣的鐘擺會聚集很多人！社會的疏離感：你看到如實的現實世界，然而其他人都看不到該真實世界。因此，你會發現有些情況是不正確、不合理的。可是，其他人都覺得這樣的行為沒什麼問題。對你而言，理想的情況是每個人對於該現實世界有明確的觀念。可是，我們必須了解，每個人對現實世界還是保有自己的主觀性。因此，我們很難在必然與疏離間做出選擇。

1.心智疏離感：當你總是帶著粉紅色鏡片看這真實世界時，你會產生心智疏離感。也因此，你會一直犯同樣的錯誤，導致一連串的失敗，及遭受到他人排擠的痛苦。也由於你拒絕承認現實生活中有惡人與操縱者的存在，因此危及到你個人的安全。之後，精神病院將會成為是你的曲身之地。

2.文化疏離感：是要求你接受當下自己所隸屬的群體，即使它有缺陷與局限性，你也不得不接受。但由於個人不可能完全百分之一百地接受該群體的價值觀，因此，你個人必須放棄部分的自己，接受被管理的狀態，而且群體的意見優先於個人的意見。如果當事人身處於這樣的環境當中，自己不想有太多紛擾，而且想保有一個寧靜的生活，他必須付出以上的代價。同時，我們理解到當事人之所以會作出這樣的選擇，完全是處於個人意識清楚的狀態下；也正是「一般人」會作出的選擇。他們會這麼說：對，這個世界是不完美的，但我們必須得接受它。因此這群人有部分的社會疏離感，但他們接受這樣的事實。這也正合於盧梭（Jean-Jacques Rousseau）所言的「社會契約[23]」。

3. 社會疏離感：是源自於人敏銳且痛苦地意識到自己所處的社會有運作不良的情況。但我個人不想過於說教，因為許多的「大腦多向思考者」長期擁有對於社會的疏離感。因此，對於整個現實環境，無論你想抗拒與否，「大腦多向思考者」都會感到痛苦。記得我在《想太多也沒關係》一書中提到「大腦多向思考者」就像是「一個生存在完美理想的天花板與殘酷現實的地板之間的人。這群人生存於夾縫當中。」

「大腦多向思考者」會扭曲自己，以便接受當下不完美的現實環境，但會重新建立自己的真理。在工作場所中或是家庭中，他們如同是一座扭曲變形的橋梁，連結著完美世界與不公不義的現實世界。當然，也由於「大腦多向思考者」為了因應現實，不斷地將自己變形扭曲。但是，他們從不放棄自己的理念與信仰。當我們回頭看看這三種疏離感時，我們可以了解：現在你正閱讀本文的原因。無論如何，一旦你的社會疏離感面對到自己的文化疏離感時，你可能會產生心智疏離（瘋狂）的境界。

也因此，在本章中我希望你們能夠更理解自己本來就有部分的文化疏離感，而且你們

23 盧梭（1712—1778）重視的是個人與國家之間的關係。「社會契約」說明統治者和公民在國家中的一切權利和義務都來自某種共識，沒有任何社會的權利是自然而然產生的。人類為了自己的生存安全，因而人與人之間的合作成為可能，透過社會契約創立了國家。根據契約，個人將自己置於主權者的支配之下，而主權者的存在是為了保護國家公民。

並不像「一般人」一樣，能夠如此高度的格式化。我也希望你們不要認為自己是個瘋子，因為你的運作模式本來就與當下的文化、社會不相同。沒錯，現在你必須知道——他人與你不同的思維及行為是確實存在的，而你的社會疏離感也是確實存在的。一旦你想對自己所觀察到的現象或事物發聲時，你得學會乖乖地閉上嘴巴。因為瘋子與智者的差異處，是在於智者知道看情況、看臉色，該對什麼人說什麼話，也知道何時要閉嘴。透過研究個人的行為，我們研究社會產生的現象。因為人類是屬於社會的一部分，透過個體在不同階段的發展及所處於社會結構中的人際關係，我們更加了解人類。

其他人也像你一樣？

就人際關係而言，有些人可能會把「大腦多向思考者」當成是位心智疏離的人（瘋子）。因為你完全忽略了在現實世界中人們是如何互動交流、對話溝通。當你與剛認識的人對談時，你習慣把對方想得特別完美或高人一等。也就是說，你會把對方想成是一個非常誠懇、正直，擁有高道德感的人，而且你與這個人合作時，他也會一直秉持著道德誠信的原則等。你這樣的行為，正是我曾提過的：「大腦多向思考者」經常簽給對方「人際關係的空白支票」。你一點都不懂得觀察你所交往的對象，直到對方被證明有罪之前，你會對這個人保有完全的信任。可想而知的情況是，很多人讓你失望了，你經常從雲端跌落谷底。更糟的是，你以為只要給對方完全的信任，對方就會認為有義務保有正直誠信的原則。那是因為你將你的原則套用在別人身上，可惜的是並非所有人都像你一樣。管他人的背信離棄，讓你感到挫折失望，但你還是堅信這世界沒有壞人。但也由於你經常受騙上當，你變得多疑，難以信任他人。你應該做的是：當你認識對方時，給對方一段時間，讓他們表現出他們的本質。而在此之前，你都必須抱持著懷疑、虛應的態度面對陌生人。也值得慶幸的一件事，每當我問起「大腦多向思考者」是否會希望自己的孩子跟他們一樣用相同方式，不帶任何判斷力，毫無底限地相信每個人時，你們當下就會發現自己所抱持立場有多荒謬。

當你沒把「差異」這件事放在你的大腦中時，你就會認為每個人都與你相同：一樣的真誠、一樣的具有智慧，懷有善意。此外，正如我在《想太多也沒關係》一書中所說的，因為你總是自然而然地連結到對方的潛能，並認為他們的潛能遠超過現在處於世俗的表現。所以，你高估了對方。因此，你對陌生人的好意，要適可而止！為你盲目的善良設定停損點！尤其你會忽略直覺對你發出的警訊。也許你會自欺欺人的對自己說：「我就是不相信這世界上有壞人，怎麼樣？我堅持我的說法。」而我正是一個會挑戰你思考模式的人。讓我舉一個新聞報導，做最好的註解。

「由於這對父母的離異，這父親殺了自己孩子來報復孩子的母親，覺得如何？會認為這父親是個壞人嗎？」

你垂頭喪氣地答道：「唉！總是會有人會做出超乎我們想像的事，令人驚訝。」「對，沒錯。但這樣的事情會一再發生！」

在《想太多也沒關係》一書中，我建議你們要學習識別周遭的友人，誰是屬於「大腦多向思考者」，誰是「一般人」，而誰又是「心理操縱者」。在許多讀者來函中，很多人回應在與人交往時，這樣的辨識過程非常實用。即使我很清楚你們不喜歡將每個人分門別類，放在「不同的盒子裡」。但以下我將介紹如何識人的過程，希望可以帶給你們更多新知：了解與你溝通的對話者，他們的心理演進過程是屬於哪個階段。當你可以判斷出對方的道德演進階段時，你便可以調整自己與對方的溝通方式。於個人心理發展階段的學術研究，可以說是百家爭鳴，各有巧妙。勞倫斯•柯爾伯格（Lawrence Kohlberg）的「道德演進階段」（L' échelle de l' évolution du sens moral），是我個人非常肯定的論述。

勞倫斯・柯爾伯格是位美國心理學家，受到皮亞傑（Jean Piaget）發展認知學說的啟發，因而建構出個人不同階段的道德發展模型，其定義如下：

道德成規階段：以個人自我利益為主

這一階段的特徵，是在於兒童以個人中心為主。他只關心自己的利益。來自於外在環境的準則規範，孩童則是透過個人的獎勵與懲罰，而學習到規矩。

第一階段——避免懲罰（二至六**歲**）

孩童會自己調整行為表現以避免受到懲罰。因此，此時道德規範尚未構建於孩童的身上，孩童所找尋的只是快感。當他獲得快感時，就會感到很快樂。而當他如果遇到痛苦或不悅時，會表現出挫折感。而且他只會擔心自己是否會受到懲罰。

第二階段——尋求獎勵（五至七**歲**）

孩童開始會進行思考，學習了解得到獎勵的可能性，及受到懲罰的風險性。孩童開始思考：「因為我會得到獎勵，所以我做這件事。」

道德常規階段：得到社會的認可

以自我為中心的行為會減少。取而代之的是交換原則。每個人學習到如何滿足自己的期望，因而服從常規及法律。

第三階段——合於規範的人際關係（七至十二歲）

孩童自我整合並受限於個人所屬團體的規範。他會問自己的問題是：別人會怎麼樣想我？所以，他所產生的反思：就是「我希望別人可以喜歡我，所以我做這件事。」

第四階段——權威和維護社會秩序（十至十五歲）

此時，孩童會將自我整合於社會規範當中。儘管這樣的行為會違背個人利益，或是他知道如何逃避懲罰，他也會遵守法律，不逾法。他知道：「做這件事會違法，所以我不做。」我們也可以說，這是為了彼此共同利益的緣故。然而，在此道德常規階段，個體是無法擁有自己的判斷，以為只要遵守法律，便不會犯上道德的錯誤。

道德後成規階段：理想、抽象的層次

之後，個人會再次檢視自己被社會或他人所灌輸的道德觀，及自己所建立的倫理觀念。

此時，當事人已經預想了一些違法的事情。如果他認為所謂的規則是錯誤的話；或即使是在法律允許的範圍內，他也準備好要從事一些會受到道德譴責或禁止的事情。如同史丹利・米爾格蘭（Stanley Milgram）所進行的「服從實驗」，我們發現到其實還是有很多人尚未達到道德後成規階段。在米爾格蘭的「服從實驗」中，我們看到大部分的受試者是在有意識的狀態下進行，他們成為身穿白袍的權威角色而虐待他人。他們的自我人格則躲在服從他人命令的權威背後。

第五階段——社會契約與個人權利（二十至三十歲）

當事人覺得自己與周遭他人的關係密切，關心他人的福祉。在個人行為上，自己會將自己的利益與這些人的利益相互整合。也開始意識到一種兩難的現象：個人的道德選擇與遵守社會規範的期待。

第六階段——道德原則與普世權利

首先，要基於普世的道德觀，且該主題是當事者可接受的項目，加上個人倫理的反思（例如：勇氣、誠實、平等權、尊重多數人共識及非暴力行為等等），當事者會自我做出道德的評斷。因此，產生的道德價值判斷優於遵守現有的法律規範，當事者已預想捍衛一些鮮為人知的道德觀。同時，他自己也有能力判斷何為正當的違法行為？何為錯誤的違法行為？達到該階段時，人是難以被其他人影響。

你會發現到許多的「大腦多向思考」孩童，他們甚至在幼兒時期，就已經達到「道德後成規階段」中的某些條件。而當我與你們談到「記憶」這件事，反而有很多的「心理操縱者」，他們本身都還沒有將懲罰的恐懼整合到自身當中。他們只想獲得的是：施虐他人的快感。因此，當人們在尋求快樂與痛苦之間，你會發現身旁周遭的每個人都是處於不同的道德階段。根據柯伯格的研究指出，只有百分之十三的成年人，會達到第六階段——道德原則與普世權利。這意味著，如果「大腦多向思考者」都認為其他人已經達到了道德第六階段的話，那麼「大腦多向思考者」就有高達百分之八十七，識人不明的錯誤率。這錯誤率也未免太高了吧！這誤判率是不是也是造成你與他人產生隔閡的緣故呢？因為你與對方身處於不同的道德階段。如同我的定義，柯爾伯格也在他的研究中指出社會上存在著三種類型的人：處於道德成規階段的「心理操縱者」；處於道德常規階段的「一般人」；處於道德後常規階段的「大腦多向思考者」。現在，你終於明白你自身可能會遇到的荒謬與危險了吧！一個以自我為中心的人，一個只想到自己手中的蘋果卻從來沒有倫理道德壓力的人，一個只相信「眼見為憑」的人，如何期待你與他們建立健康的合作關係呢？

文明社會遺失的東西

現在我們將「個體」提升到「集體」的層面，來看文化的疏離感及社會的運作模式。當我們談到「文明」二字時，馬上會聯想到一個非常先進的社會組織。

因此，我好奇地查了一下法文字典[24]。文明禮節（civilité[25]）這字的解釋，倒很清楚。字典定義如下：「尊重善意，對話有禮貌，使用讚美人的用語」。隨後，我們再來看字典如何解釋文明人（quelqu' un civilisé）：「經由演進發展而來，受過教育，會有溫文儒雅的行為（相反詞為原始、野生、粗莽的）」。進一步我們再看字典裡文明（civilisation）一詞的解釋，這說明看來似乎有待商榷：「一群人的行為、價值觀，應該是可以用來證明人類的發展及社會正向的演進（相反詞為野蠻）。」但字典解釋「教

24 拉魯斯（Larousse）出版社所出的法文字典。
25 根據拉魯斯法文字典Civilite指的是在社會中的人使用便利生活的方式。同義詞：禮貌、禮節。

化」（civiliser），更令人質疑：「將一個被視為原始或較差的社會、民族或國家，帶領人們到優越、文化演進及物質化的國家。」所以，「文明」真的是我們相信的那個樣子嗎？

形成一個文明社會，人類群體的組織需滿足以下的某些條件：

人口定居地（就城市而言）。

全時專業化的工作（意指職業）。

專精於供過於求的生產（意指庫存）。

階級結構組織（意指階層級別）。

運作功能（如國家）。

就多米尼克・杜班尼[26]（Dominique Dupagne）認為的「文明」，即是指舊石器時代人類群體組織的放大版（如部落、陣營、狩獵者與採集者的分工，以及領導者與被領導者之間的關係等），然後你再重複看一看以上所述的條件。就會發現文明的演進，其實並沒有太大的改變。

提供群體的穩定性與安全性，為「文明」主要的正面貢獻，而且該特點的確重要。因

26為《槳手的復仇》（La Revanche du rameur）的作者。

為在「文明」的基礎上，人類可以由生產的觀念，發展出抽象想法如藝術、哲學與研究等。同樣地，先不論「大腦多向思考者」對「金錢」觀念的想法，貨幣的出現在「文明」中，更扮演一個關鍵的角色。貨幣的發明，的確為人類帶來長足的進步，可將資源轉換成攜帶型的模式，以便於集中管理、儲存及繼承。然而，文明也帶來負面的影響，智者群體諫言的功能因此而消失，取而代之的是統治階級的出現。智者的諫言，是部落團體中集體智慧的結晶，同時也是用來規範團體的統治者。今日，就我們人類而言，智者們諫言實為需要。因為若失去了反對勢力，領導者的權力將會成為所有權力的危險來源。

你是支配者，還是被支配者？

統治者透過控制思想，不斷地製造恐怖，讓其他的黑猩猩處於牠所希望的臣服狀態。其實，今日的我們也是處於最完美的專制獨裁中。統治者雖披有民主的外衣，而人們實際住在一個沒有圍牆的監獄裡，從不試圖逃脫，也不考慮推翻獨裁政權。因此，人類的消費娛樂造就了奴隸的制度；而奴隸本身也應該很享受被人奴役的感覺。

《美麗新世界》，赫胥黎

迪葉・德索（Didier Deso）是法國南錫（Nancy）大學的講師及研究員。一九九四年他做了一個實驗，名為「游泳的老鼠——社會分化的實驗」。該實驗讓老鼠在裝滿水的水道中閉氣游泳，游到水道底端才能找到食物。若這些老鼠一直待在籠子中，則會沒有糧食可吃。牠們只能穿過水道，到達底端取回糧食，又回到籠中進食。我們發現當老鼠獨自一隻在籠子裡時，每隻都會努力游泳取回食物。但是，一旦我們把六隻老鼠一起關在籠子裡時，老鼠們的行為便產生了變化。第一天，有三隻老鼠，不想游泳，所以，牠們就得餓肚子。第二天，有了驚人的發現：有三隻「投機剝削者」的老鼠會把其他三隻老鼠推到水裡，讓牠們去尋回食物。等牠們回來時再襲擊這三隻覓食的老鼠，竊取牠們取回的食物。結果是，在混亂戰鬥之中，成功保衛住自己食物的老鼠只有一隻。當牠獨自進食時，會不停地用後腿推開那些想要偷吃牠食物的老鼠。這隻成功捍衛食物的老鼠，受冕為「自發泳者」。而另外兩隻游泳覓食的老鼠，則被稱為「供給泳者」，因為牠們順服在那三隻「投機剝削者」之下，不停地供應食物給這些懶鼠們。而這兩隻「供給泳者」也只有在社會化工作完成之後才進食。

事實上，德索重覆地實驗，一直得到相同的結果，也就是老鼠的社會結構無法改變。即使我們把六隻「投機剝削者」放在一起，牠們激戰一晚後，這三種角色還是會再重新分配：三隻剝削者，二隻被剝削者，一隻自主者。然後，又在一個大籠中放了約兩百隻的老鼠重覆實驗。同樣地，這些老鼠又再對打了一夜。隔天，有三隻老鼠死亡，遍體鱗傷，死狀悽慘地趴在地上。新產生出來的剝削者，牠們也找出副手，讓這些副手們傳播，建立自己的權威。牠們根本就不需要傷害任何老鼠，就可以讓其他的老鼠嚇到五體投地。這個實驗還得到了其他的發現：剝削者是一群壓力很大的老鼠。一旦他們沒有了供給者（或被剝削者）提供食物後，牠們會讓自己飢餓到死亡為止。另外，還有一項驚人的發現，如果讓老鼠在學習游泳期間，吃下抗焦慮藥的話，老鼠之間就不會產生階級制度了。因此該項研究說明了幾個現象：首先，由於壓力與恐懼的緣故，因而產生了剝削者──被剝削者的階級制度。接著實驗也證明，領導者地位會因勢而生。如果該領導者面對到另一位更強的剝削者時，自己也會屈膝臣服，成為被剝削者。還有，一隻受到領導者威脅而被剝削的老鼠。有一天牠也有可能成為領導者的地位。實驗中也發現到，一個擁有越多成員的社會組織，對待「弱勢者」會越加殘酷。

由於德索所實驗的對象是老鼠並非人類，因此其研究結論仍有所爭議。但正如杜班尼所言：「生物學是社會學者最不想要擁有的母親。」

杜班尼還提到：「在超然的人性中，人們會小心翼翼地保有一個天真的信仰，保護那些擁有強烈本能衝動的人。」然而，人類如同在老鼠實驗中的那些統治階級，似乎還會更加迫害那些獨立思考者。

在一個哺乳動物的群體社會組織當中，大多數的個體，通常不得不接受不同程度性的統御領導。儘管人類願意相信人會受到「教化」（civilisés）而改變；然而人類實施政治的方式，依然是食古不化。一般說來，人與人之間的關係是統治與權力的遊戲，和人類的堂兄弟——靈長類動物大猩猩一樣。杜班尼提醒我們：人類只是基因排程複製的化身，一切的表現都是屬於生物性的。客觀而言，女性通常會擁有較多的優先選擇權。亨利．基辛格（Henri Kissinger）也說過：「權力是最強大的春藥。」女性為了想讓自己的基因綿延到後代，不僅會撫養孩子到成長期結束為止，擇偶條件則選擇那些具有社經地位的男性，因為他們具有身為代表的吸引力。當一個國家擁有民主制度時，通常也會很快地失去它的真意。

杜班尼說明兩種破壞民主體制並立即見效的方式：人性的腐化與法律的規範。對於人性的腐化，腦中的想法通常是比較難以察覺。那是因為當人們想要進行索賄或檯面下交易時，多少是一種半公開的行為，不會大喇喇地讓眾人察覺。

然而，人性的腐化也包含有許多面向。它不僅是一種金融行為，也是一種智慧的角力，更屬於一種暗示的情況。當然，也牽涉到合縱連橫的談判遊戲：為了我的權力，我會確保你的利益（當然，我一定不會考慮到你完成任務後的品質！）。舉例來說，有一位研究所學生，他會盡量不批評他的指導老師。之後，這研究生的研究成果受到眾人的矚目、讚賞。突然間，他的指導老師看到這位研究生的潛力，馬上想把他納入自己的研究團隊中。我們有誰會說這指導老師不對呢？因為，首先大家都喜歡聽話的人。再來，指導老師為什麼要為自己的團隊找碴呢？專門找一個會唱反調的人？

因此，為了研究、發展學術，我們會看到評審通常是一致性地通過研究人員徵選。也正是這些資深且研究過時的指導老師將自己的學術地位交付給那些年輕、早已馴服、格式化的研究人員。那位研究所的學生，不批評指導老師的行為，並不是出於算計而做出的行為。那是因為他不得不接受指導老師的統治，而形成無形的屈服。同樣地，為了避免醜聞的發生，例如：擔心縣市政府的反彈，或某些組織會產生抗議，一個安全理事務委員可以閉著眼睛，裝作沒看到危險的裝置設備（但不幸的是，通常也因為如此，醜聞便發生了……）。有時，甚至還會有悲劇發生，但並非頻率很高。還有，「贖金的交付」也是一種人性腐化的遊戲：由於人類基於擔心、害怕遭到報復，因而會選擇交付贖金，縱容罪犯。但真正的來說，腐化的人性對人類而言，實在完全毫無益處，換來的只是虛幻的和平。以上的情況都是我們經常在社會群體中會見到的行為。

或許，有人會認為法律的存在，可以給予人們在相同行為基礎下，有所規範；一旦有爭議時，大家有可以依循的標準。但是，現今當我們看到那些有約束力的法條時，會發現有些法律制訂的標準只是以某些群眾的要求為依歸。法律的存在有兩種目的：一是控制個體的行為，二是確保個人會不時意識到自己可能會產生逾矩的行為。結果造成了現今法條過多。難怪有人會說，法律的真諦會因過多的法條而消失。真正來說，法律的制訂是為了我們公民本身，但今日人們卻淹沒在眾多的標準規範中。我們得到的只是更加不安全、不確定的感覺。還有，許多法律規範看來過於牽強而且草率，仔細一看法條細則，更顯得荒謬。因此，今日法律的存在，是為了強化訂定法律的統治階層，卻傷害了整體的社會結構。總之，人類為了能夠輕易管控大眾，只會更加複雜化我們日常的生活。同樣的道理，當人們處於公司企業中，也經常會看到相同的模式。

此外，隨著階級意識不斷地增加，相對而言，人們對於公共利益與道德感受也變得越加薄弱。意思是，個人會因為受限於「現實原則」下，而接受「人性的腐化」這一個事實。如果一個人過於單純正直，他就會破壞整個系統，因此，現在人們都變得只有能力，欠缺正直誠信，盡量使其言行舉止不逾越某個範圍。假如他們看到某些逾矩的事情發生時，會當作什麼都沒看見，讓自己接受這些胡作非為的事情。但這樣的一群人，真的太過於天真，低估了人類的本性：一定會有人不停地尋找統治他人的機會，而我們卻繼續讓駕馭他人的人為所欲為。因此，為了能夠控制個人統御的欲望，首先我們必須先正視人性這回事。

顯然地，今日在披著民主外衣的錯覺下，許多人接納了貪腐的行為，也漠視他人逾越道德的規範。因為從選舉的結果，我們可以看出以上的現象。市民明明知道哪些人會成為貪腐的政客，卻毫不猶豫地把票投這樣的人。儘管這個政客有涉入特權的行為，但就選民而言，卻認為這樣的人是一個足智多謀、善於長袖善舞，適應良好的人。假如這個涉入特權的人選上的話，可能他會為了自己所代表的國家、城鄉鎮縣市，爭取更多的利益。可以看得出來會支持這類政客的人，都是屬於自私的人。

「大腦多向思考者」：人道主義與利他主義者

痛苦與悲傷，對於一個擁有深刻意識與真摯情感的人而言，是在所難免。在這世界上，一個真正偉大的人，我想，他一定有著莫大的悲傷。

《罪與罰》，杜思妥耶夫斯基

以人類學的角度來說，人類是群居的動物。那我們現在想問的問題是：人與人之間是否有一套適用於人類群體中的「自然規則」，又或者是對於其他人而言，每個人就只是一匹狼而已呢？

那麼，答案是以上皆是！假如人就只是一匹狼的話，那麼他一定不會是個群居動物，在這世上早已滅絕了。但如果人類中，有個「自然規則」會自動發生作用的話，那麼今日就不會有殺人搶劫、強盜姦淫的事件發生了。事實上，我們先回顧一下柯伯格（Lawrence Kohlberg）提到的三種個人成長道德階段，人性的發展是趨於兩極化的方向。一端是投機剝削、自私自利、憤世嫉俗及囤貨居奇的人；而另一端則是慷慨無私的人，他們的特點就是具有同理心與利他主義。同理心，指的是我們可以了解到對方的感受；利他主義，就是會激起保護自己及他人或團體的利益，因為他人與自己的利益是相輔相成。這群有利他主義與同理心的人，有助於鞏固他們所在的社群團體，也正是該團體能夠成功的主因。事實上，介於個人利益的自私行為與維護團體利益之間，群體的力量確實使得社會上互助的行為有其著力點發揮作用。杜班尼稱這些抱有同理心的人為「固守人道主義者」。團體的凝聚力、尊重組織內的成員及保存先人的價值觀，正是由這群人做承先啟後的工作。

但在世界上，固守人道主義者與投機利用他人者的比例各占多少呢？而且還有多少人是遊走徘徊在這兩端呢？難以衡量。固守人道主義者看來像似一位「道德後成規階段」的人。因此，我們可以想像出，在這世界上，約有13％的人是屬於「固守人道主義者」。我想這些擁有崇高價值與寬大胸懷的人道主義者，當他們面對同時代的攻擊與嘲諷時，只能像杜思妥耶夫斯基一樣，深深地為人類的痛苦而感到悲哀吧！

人道主義者、發明家、科學家、志工這類的人，都是一群富有同情心的人。當他們面對階級制度時，會不畏懼地打破社會階層，抱著一視同仁的態度，追求人人平等的想法。因此，總是獲得眾人的肯定。理所當然，人們便會希望這群不善於好大喜功、追求權力的人能夠帶領大家，領導群眾。但有一點要注意的是，這群人道主義者也有可能因為個人自身高強的能力、天資聰穎，為此付出昂貴的代價。因此他們應該不要太期望可以從個人行動中獲得殊榮。因為會戴上桂冠的人，總是那些領導階層！

在各個不同的階級結構中，多數的人大都會適應良好。因為他們的基因，決定了他們的行為，再加上所處的社會環境所灌輸階級的觀念。經由每個人的素質與學業上的表現，自然而然地，個體會接受社會所提供他在此階級結構中的某個位置。同時，他自己也希望能夠有長足進步以獲取更多資源。然而，那些無法了解社會的暗喻行為與被社會排擠的人，就有可能會成為一個犯罪的人，或是被邊緣化的人，或是自學成功的人。因為，透過游泳老鼠的實驗告訴我們，在六隻老鼠當中，至少有一隻老鼠會選擇以獨立自主的方式過活。

在遠古的部落時代，各個部落之間會有一種自我調節的模式：假如某個部落中的人數超出了某種規模，那麼這群人便會分開居住。同樣地，假如在一群體中出現了一位實施暴政，濫用權力的統治者時，那麼統治者以下的次領導者會聯合起來，變得更加挑釁，更具有攻擊性。之前我們提到過的老鼠實驗中，也看到了當老鼠的數量增加時，統治者的行為也會變得更加惡劣殘酷。

今日文明人的運作模式，就是形成多個人數眾多的大團體，而領導者的數量則相對的少。有些國家，甚至希望人類組成一個單一的國家。而且有些超級大國正想著控制整個世界時，不斷地擴張他們的勢力範圍。別忘了，我們曾提到過：一個居於領導地位的老鼠，會產生極高的壓力。一旦將這些馴服的鼠輩們撤走時，鼠王是會選擇自生自滅。因此，今日網路世界的出現，是否就如同一種反對勢力，階級異化的現象？

網路2.0的世界，是你的希望？

許多人對於網路世界與社交網路，都抱持著負面的態度。的確，使用網路，是有可能產生許多偏激的行為。例如，在網路的世界中，可以匿名自由發表言論。因此，若有過失，便缺乏真正的身分給予懲罰。還有，透過無遠弗屆地分享過多不必要的資訊，可能會產生洗腦的行為。而且那些位於矽谷的大型企業，感覺上他們似乎只為美國服務，專門提供大量的數據資訊，有關於追蹤人們瀏覽的網站、標註曾購買的物品等等。相同地，當人們加入萊克（liker）或臉書這些社群網路時，個人是被迫接受這個虛假的網路正向世界。但其實來說，也是有很多正面的網路發展，例如，有個十三歲的女孩開發了一種在社群網路上能有效避免受到他人騷擾的軟體。

此外，網路世界日新月異，難以控制。當網路剛出現時，只有那些無人陪伴又想體驗虛擬世界的年輕世代們會參與其中，而長輩們只能在鍵盤面前手足無措。但是，漸漸地大眾已經習慣了網路2.0的世界。如果你還沒有享受到社交網路的樂趣，我想你是不能真正體會到有些偉大的改變正在發生中。

所有的一切變化，始於極客（geek）這類的網站，它提供線上的用戶，共享解決電腦故障的方法，及提供免費軟體下載，省去付費軟體的要求。漸漸地，有越來越多的人創建不同主題的部落格，提供個人知識經驗，分享資訊。今日，人們可以造訪不同領域的豐富訊息，你只需在搜索引擎打上關鍵字，花個幾分鐘，用戶便可以搜索到所有的資訊。你甚至還可以找到各式調味醬的食譜。現在，讓我們一起來談談集體智慧的部分。通過入口網站，有些網路用戶的程度甚至高於專家水準，樂於將他們的知識與反思分享大眾。例如，有某個病人創建了個人的醫療部落格，分享他對於該疾病的經驗，及他自己大量收集的資訊與解決方案。甚至有些醫療部落格上的資訊，我們也許都無法從某一個醫生或專業人員身上獲得。

杜班尼解釋道，當一個群體取得的資訊超過該統治階層所提供的資訊時，知識的階級結構將會因此而消失。

人們以「授權」二字來稱呼該現象。透過網路2.0，個人可以擴大他自己的權力，擁有更多、更詳盡的訊息。也因此，該個體不再受到他的醫生、律師或政府的統御領導。漸漸地，以知識領導的方式變得更不容易。網路用戶擁有的武器，如同一個強大的反對勢力，使用媒體輿論的力量，對於某個主導品牌會具有毀滅性的影響。因此，輿論的力量足令領導者畏懼。就如莎士比亞所言：「犯罪總會暴露在陽光之下（所犯的罪惡，總有一天會被揭穿）」。這樣的情形，在網路上更加明顯。網路用戶們就像是個接收器及傳聲器，他們即時分享所有的資訊。因此，當權者便更難以掌控或移除訊息。同時，那些虛假不實的訊息，馬上都會被網路鄉民發現。所以，如果你以為只要隨意地發表一個騙局，人們就會受騙上當，這實在是一個不智的行為。因為透過網絡傳播，你的網路相關好友都會馬上發出警告訊息（或是謠言、惡作劇等）讓大眾知道。因此，散播不實訊息的版主很快地就失去個人的信用，而如果該版主是屬於某個政黨或族群的話，也馬上會被起底。

因此，獲得詳盡資訊的網路用戶與不知該如何處理「授權」現象的權力當局，兩者之間漸漸形成一條巨大的鴻溝。因為領導者無法再任意妄為地鎮壓大眾或執行造謠或恐嚇，事實證明這樣的行為也會逐漸失去效果。其他還有類似的狀況，例如快閃族的出現，也是令政府當局不知所措。

快閃族，就是指一群經由網路動員的人，不論團體的大小，在某個指定的時間之前，早已各自排練表演。他們會在某個時間、地點一起出現，共同上演一段舞蹈，之後隨即散去。這群人在表演時，路上的行車路人都會不禁發出讚美之聲。其實這種無預警的動員，若只是表演跳舞，倒也還好。然而，我們透過這現象，可以發現到網路動員已經展現了一股不可預知的力量。

此外，網路上的複雜性思維並沒有階級的區分。沒有任何人或元素可以控制整個系統，也因此，更無從破壞起。我們理解到透過集體智慧，是可以對抗現有的政權。網路的力量，即是展現的成果。

杜班尼同時也是幾個醫療部落格的版主。透過團體的力量，他觀察到個體的行為會自行調整，即使這個轉變既不優雅，暴力也可能伴隨而來，還有散播消極惡意的想法，會快速地被人們發現而加以撲滅，以避免傷害到整個團體。透過網絡的力量可以凝聚不同的族群，以對抗剝削者與貪婪之人。這正是我所企盼的現象。同時，我也真的希望有一天能夠在現實生活中發生以下的情況：我們一同集合起來，堅毅地面對那些貪婪剝削者的越軌行為，這群惡意之人會受到嚴懲。社會將不再有黑暗的力量，邪惡也終將消失。

在各個不同的群體當中，若當集體智慧自行擴張之時，我們將會見到領導階級的消失，而人與人之間互動的能量會越加增強，社會集體意識也會逐漸增高，彼此趨向正向緊密的合作關係。這正是我們所說的無階級狀態，但並非是一種無政府的狀態。因為在群體中，要存在著一種真正的力量，大家才能團結合作，共同建設。在這樣的團體中，將會沒有過多的法條，僅保持必要且最低限度的法律條款，讓大家保有極大的自治權。相信有一天人類將可以實現這個夢想。儘管如此，人類還是屬於靈長類動物，因此杜班尼對於人類的發展，擁有極大的信心與熱情，他說：「如果有一天，人類的進步，是朝著組織更加社會化的方向而行的話，那麼我們便可以嚴格控管一個人的統治領導欲望。這原因在於人性因組織而變化，而不是因道德或宗教而改變。如果人是受到『道德』或『宗教』而改變的話，那麼人性會顯得更脆弱。因為說實在的，單靠『道德』實在很難能抵抗眾多資源的誘惑。」

但我個人並不像杜班尼那麼的樂觀。那是因為我已經了解到：「大腦多向思考者」開始認識自己，體認到自己是個怎麼樣的人。因此，我希望你可以加速傳播這個「授權」的過程。尤其是當我看了許多部落格之後，我有一種感覺：社會硬生生地將「大腦多向思考者」這群人置入高智商者、擁有某項天分、亞斯伯格症者、右腦思考者等窠臼當中。相信你們將會很快地吸取所有相關的知識，獲得正面能量的想法。而且你們一定比那些想要解剖、掃描你大腦的人，來得更加明智！

透過本章，我希望你能走出那些阻礙你的種種疏離感。同時，我也給了你許多建議，你可以透過觀察實際生活的狀況，讓你客觀地看待自己。

雖然今日，你還不是以很正面的態度，看待自己生命的狀態。但我相信：你的巨大改變是有可能發生的，如果你願意嘗試的話。之後，我們將會討論到「你與生俱來的使命（志業）」。但現在我們得先了解你的工作環境，因為人生使命源自於你的職業。

| Part Ⅲ |

給想太多且不適應社會生活的你的「生存策略」

1 職場工作：能幹的你感到疲憊的原因

為什麼在職場中這麼努力了，還不受重視？

如同你在以上所讀到的資訊，你會開始懷疑自己在職場中的人際關係，一直感覺到自己與他人有所隔閡。這種隔閡是來自於你的社會疏離感與心智疏離感。另外，加上你與上司、下屬、同事間的相處會產生一股文化疏離感。你的工作價值觀是超越自我、善盡職責、精益求精、正直誠實、擁有團隊合作精神（維持共同利益）；當然，還包括清廉，但是問題在於，你以為大家都跟你擁有相同的價值觀。你以為那些被授權的上司都是能力很強、具有領導魅力的人。而且每個人在工作崗位上，都是克盡職守，絲毫不會怠惰懶散。那是因為你認為怠惰懶散實在是一種極盡愚蠢的行為，完全不符合生產效益，也不合邏輯。當然，你也會發現到人們常輕忽你所信仰的價值觀。漸漸地，你開始想了解你工作的單位到底發生了什麼事？真相到底在哪裡？

在管理學的領域中，有一個眾所周知的故事，稱為《划船手的寓言》，或許它可以帶給你啟發：有兩所大學共同舉辦划艇競賽。比賽結果是1號大學獲得勝利，而2號大學鎩羽而歸。

在這一組成功的划艇團隊中，有一位主舵手與六位划船手。而在那失敗的團隊中，則有一位主舵手、一位划船手的領隊，一位划艇領隊、一位划船效率顧問、一位管控管理決策者，一位管控划船品質效率者，還有一位划船手。因此，這所未贏得比賽的大學開了一場檢討會。會後，他們一致認為是由於比賽當天，當場解雇了那位唯一的划船手，而造成失敗。因此，與另一所大學舉辦的划艇比賽便暫時擱置下來，同時，大家也都領到了一筆補助金（除了那位被解職的划船手）。因此這划艇團隊的任務，也宣告終止。

真正的能力者是令人頭痛的

想像一下，如果你正是2號大學（競賽失敗的大學）中的那個唯一的划船手。你發現周遭隊員的划船能力都非常差，而且不管你做什麼，他們都一直批評你。此外，上級荒謬的決策與缺乏邏輯的想法，也讓你非常痛苦。你還是獨自一人，扛下所有的工作量，幾乎讓你無法喘息。因此，你向上司說出了你個人的孤獨、悲傷與無能為力的感受。你也覺得自己可能無法贏得比賽。但回頭過來，如果你是在1號大學（競賽成功的大學）其中的一位划船手，你不一定是最好、最優秀的。但由於你個人非常缺乏自信心，因此你會強烈希望，能夠證明自己的價值。因此，你卯盡全力，在所不惜。在平常練習的時候，你划得超快，奮勇向前，表現無比驚人的力氣。可是這種情況可惹惱了團隊中其他的隊友。而且你還會對他們說：沒有，我真的沒出什麼力，只是稍微划一下而已。我還覺得自己划得一點都不好。另外，當你會面對總掌舵手時，由於你缺乏階級的概念，真誠善意地提出增強划船技術的建議。但你沒有意識到你的態度等於是間接地指出你隊友的無能，同時你也踐踏了主管的權威。

透過《划船手的寓言》，你可以理解到為什麼大多數的「大腦多向思考者」在職場中容易遭受到騷擾或排擠吧！

還有，你可能也有聽說過「彼得原理」：就是每一個職位，終將會被一個不能勝任其工作職位的職員所占據。其實這說法是非常符合邏輯的：如果一個人在原有職位上表現良好，勝任他的工作，就會被升遷到更高一層的職位上。但他的主管卻忽略了這個人是否具備新任職務的專業素養及領導能力，而且也不積極培訓該當事人關於以上的才能。因此，往往讓這位剛晉升的主管面對到許多無法掌控的狀況，因而產生挫折感。在一個階級制度中，每個職員會趨於晉升到他所不能勝任的職位。但是，降級職務是每個人都不想面對的事實。因此，為了保有自己的階級，這個無法勝任工作的當事人則會維持在該階職位中一個中間的水平。於是，人們以為自己已經「達到了生命中的頂峰」。但其實是大多數人是頂到了他們無能為力的玻璃天花板，而無法再繼續晉升。這樣的主管會有工作壓力，實在是無能為力，那是因為他們實在是「很努力划了」，但所執行的任務卻超出了自己的能力範圍。親愛的老闆們，稍微有點憐憫之心吧！另外，一個矛盾的現象是，假如一個職員太過正直能幹，他也會遇到玻璃天花板，因為當你在擔任的職務表現到某個水準之後，你想晉升的職位，通常是需要更多的算計，更甚於你的專業能力。

為了不讓「大腦多向思考者」處於領導階級下的陰影，也為了避免破壞這些人的詭計，因此「大腦多向思考者」得學習適應公司企業中的潛規則。

另外，我們從另一個角度來看「晉升」這回事，員工的升遷主要是基於兩個不合理的標準。首先，即是個人工作目標的驗證。如果該員工過於好心地幫助其他同事。但由於這表現過於主觀，便不計算在個人工作目標的範圍之內。然而，達成個人的目標，其實不也助長了個人主義者與相互競爭的行為嗎？其次，員工的工作評分是來自於主管的評鑑。因此，在這場統馭的遊戲中，員工所表現出來的行為都是服從聽話。因為直屬主管擁有權力的武器，也是驗證員工行為表現的人。因此，一個期望晉升的下屬，便需要將這些想法灌輸在自己的大腦中。然而，有一群不明白統御管理機制的人，認真專事生產，好心幫同事解決問題，還不忘將發現到的問題提交給上司，這些人則會擁有不同的命運。此外，「大腦多向思考者」會發現到許多非任務內的解決方案，可以用來幫助他人或提交主管。但他所做的一切，都不會得到回饋。換來的只是受到他人的欺瞞，視你為眼中釘而已。

事實上，擁有超強能力的員工對公司整體而言，實在是一個破口。試想一下，在一個雪橇犬比賽裡，突然有一匹馬加入……這位能力超強的人會破壞團隊整體的節奏，成為群體中的一個亂碼，還會模糊大家工作能力的參考指標。這也就是為什麼人們總是喜歡雇用平庸且服從命令的員工，卻不想任用一個會感受到同事的平庸，尤其發現主管無能的員工。因此，通常來說「大腦多向思考者」的上司們，達到無能為力的玻璃天花板的比例相當高。

由於你天生缺乏階級觀念，而且總認為自己沒這麼優秀。因此，成為一個有魅力領導者的夢想，對你來說顯得遙不可及。此外，你必須明白人們工作的主要動機不是要將工作做得很棒，而是為了加薪及升遷的可能性。而且每個人都有屬於自己的目標階梯，為了達成個人的目標，人們會給自己非常明確的方法往上爬。但是，「大腦多向思考者」是個拒絕參加生存競爭遊戲的人。可是，別忘了你的同儕可把你當作晉升的競爭對手之一。因此，你的善意、才華還有假謙虛，都會讓這些同事感到非常惱火，尤其當人們特別需要你時。因此，越充滿勾心鬥角的公司，就是越缺乏人性的公司。生產力成為次要的目標，重要的是能壓迫競爭對手，讓自己顯得特別的有價值。因此，上級所有的命令都沒有其他的目的，只是為了確立個人的權威。但當你義正言辭地指出公司存在的問題時，在職場中會被他人看做是一種魔鬼式的暗中攻擊。

佐伊・雪波（Zoé Shepard），是一位年輕的縣市政府的行政人員。在她所服務的單位，雪波遭受到汙名化的指責。於是，她寫了一本書，書名為《絕對要你做到累死》（Absolument dé-bor-dée）說出公家機關行政人員每個月工作三十五小時的真相。同時，也揭露了公家單位浪費公帑、空虛度日、無能欺騙等噁心的權力遊戲。她的書不僅有趣，而且還相當直接地披露出職場無情的現況。該書受到讀者廣大的迴響，但也造就了雪波在茶杯裡的風暴。她的下場是：當她所著的書出版之後，除了她的職務有所更動以外，其他的一切都依舊如常，毫無改變。

在她的另一本最新的著作《你的事業完了！》（Ta carrière est fi-nie）中，則詳述她在《絕對要你做到累死》該書出版後，所受到可怕的報復與騷擾。我真希望她到至今為止，沒有改變初衷，至少希望能持續她的寫作生涯！說實在的只有「大腦多向思考者」這類的人，會對懶惰、腐敗或無能的人，感到忿忿不平。顯然地，對大多數的人來說，人在工作職場的情況就像是活在一個籃子裡的螃蟹，每個人為了生存，賺得一份薪水，不得不乖乖閉上嘴巴，保持沉默。更慘的是，若在這籃子裡，存在著一個喜歡舉報的人的話，他（她）就會被當成洩密者。我有一個諮商個案，她告訴我個人慘痛的經驗。她曾到過一個政府部門的服務臺說道：「你好，我是來舉報詐欺案件。」那位行政人員驚訝地低聲回駁道：「不過，小姐，我們不能隨意做受理這樣的舉發！」因此，該服務人員也就沒有告訴她後續該走的流程了。

我的另一位諮商對象克萊爾，她感到自己的壓力非常沉重，像洩了氣的皮球說道，最近她下班回家，一個人都會狂哭不止。克萊爾是位行政兼人事的主管。最近，她認為公司發生了許多事情，都出乎她的意料之外。她覺得自己好像被她的上司架空且出賣了。也正是她在我的諮詢辦公室中，說她一點都不了解公司裡到底發生什麼事。有人好像希望她能承擔某個無能的人的工作，因為這個人的背景很特殊，是透過上級關係進來的。克萊爾不懂主管的暗示，她針對所有員工提交了一份工作績效報告，詳細說明每個人的工作表現。然而，她那壓抑住滿腔憤怒的主管，則要她再重新繳交一份。她不明白主管的暗示，所以這次她做得更仔細、更明白。當然，那位靠關係進來的人，還是有工作職責。

她的主管要她再重寫意思，是希望克萊爾不要明白地寫出這位「特別同事」的工作缺失，但她以為是要她更詳盡地說明每個人的工作細節。其實在與主管的對話中，克萊爾一點都不懂主管是要她稍微美言裝飾一下這位特殊同仁的工作表現。當然，克萊爾不願意這樣做，但她終於明白了主管隱諱的話語。現在，她晚上也可以平安入睡了。基於事實，克萊爾對於員工的評核，依然保持誠實公正。然而，如果有些靠關係進來的人，他們工作表現很好的時候，她的主管就會說這些人都是「有背景的」；但假如有些人表現不好時，她的主管就會與克萊爾一起「數落」這些人。也正是因為如此，克萊爾可以繼續在該企業剛正不阿的執行任務內的工作。我問她，是否曾面試過那些經由長官介紹進來的朋友或家人呢？那麼這樣的聘僱流程又是如何呢？克萊爾驚訝地回說：「嗯，這些人就跟其他人一樣，也都是通過考試入取的。如果他們考試成績不好，我當然是不會聘僱他們的。」我會心地一笑，這也正是毫無心機的克萊爾會遭受挫折的原因，因為她的正直誠實、對待同事一律一視同仁的結果。

怎樣都無法理解的「職場文化」

的確，職場生活為「大腦多向思考者」帶來了許多困擾。除了他們不理解那些私底下的運作外，也由於自己缺乏自信，大部分的「大腦多向思考者」會選擇遠低於他個人能力所及的工作，也可能從事完全與他們能力不相干的行業。因此，當他位於不適任的職位時，就會產生一種無聊到死、鬱悶難耐的感受。因為他們每天不僅得接受主管的荒謬指令，還得適應那些共事同事的程度，這些對他們來說，都有如精神痛苦般的折磨。

法蘭馨是一位工程師，最近她一直拒絕主管的提拔升遷。她頭腦清晰地對我說：「我是一名技術人員，不是一位經理，也不是一位政治權謀的人。」法蘭馨接近退休年齡，個性也很成熟，其實她比她所見過的年輕、野心勃勃的主管們，都來得優秀、能幹。可是，她累了。因為她經歷過新進主管的雄心壯志，每個都立志要改變生產流程及服務安排的順序。可是，那些可笑荒謬的程序，帶來更多的生產線事故。顯然地，這些年輕的主管，都想把問題栽贓在法蘭馨的身上。幸運的是，法蘭馨知道如何保護自己，讓他們找不到機會指責，成為他們的代罪羔羊。另一方面，我也可以理解法蘭馨所任職公司中的混亂情況。因為他們有許多做事的方法與想法都本末倒置了。而對這些年輕的主管來說，法蘭馨就像是湍急水流的一塊石頭，不得不踩過才能抵達對岸。與此同時，他們也無法將法蘭馨納於階級的結構中。

對於妮可來說，辦公室的生活可真是不容易。她是一位才華洋溢的資訊工程師。她覺得自己的工作就好像生活在一座遊樂場當中，可以自由自在、天馬行空的設置流程、軟體及計算表格，來簡化同事的工作。但她的同事們從來就不閱讀她之前發過的軟體說明書與解釋。所以，只要稍微遇到一點小麻煩，就驚慌失措，要她來馬上來幫忙解救。因此，其他的資訊工程師開始嫉妒她，不時扯後腿。有時發生緊急事故，工程師同事們又無力解決時，她就得經常加班完成任務。其實，正也是這些人要她付出「不可或缺」的代價。

其實有些「大腦多向思考者」比其他「大腦多向思考者」更清楚地知道工作職場中隱藏的問題。亞瑟寫給我的信中說道：「那天晚上我回到，就是在那裡我曾經有過某個大學教育學院的面試。那實在是個有趣的經歷。但面試我的那群人可是一點都不有趣，他們面試我的方式，彷彿我們好像還活在上個世紀一樣。但也正是這群人希望為學校招募創新型的教師，能夠重整教育結構。但經歷過這次經驗後，讓我產生一個想法，當一個體系需要改變時，領導者本身必須是一位創新型的人物。之後，我很快得到他們的回覆了。假如他們真的聘用了一個像我一樣的人，用來培養未來的教師，那麼意味著這個世界正在改變。

否則，所謂的改革仍是一場騙局，而且之後的十年，我們將會持續如此。如果真是這樣的狀況的話，我將沒有任何遺憾。廣發應徵函，對我來說也是家常便飯。我想一年之後，我可能還是會屈就於壓力之下……但我實在無法跟一些正經八百、規規矩矩的老師們討論工作。但看來『與人討論』這件事還是非常重要。過去我的經驗，即使我的教學很成功，令人滿意。但還是有人會責備我缺乏溝通的能力。還有透過那些大大小小的行政程序，提醒我是個『群居動物』。但不幸的是，我失去了我的冷靜。因此，結果可想而知，我又得去我的主管辦公室裡報到。

這些事發生後，我想了很多。我的結論是，我無法適應職場的環境。不幸的是，我相信以後也不會改善。我可不想再花個十幾年來跟這些『思想正確』的人一起工作。因為對他們來說，我是個『可笑又複雜的人』。我真的試過調整我自己，與他們打成一片（我承認那段時間維持不久）。但是一個方形永遠無法修成圓形啊！但除非你削掉他四個角，但他的身心會承受很大的痛苦。我真的受夠那群缺乏胸襟的人。」

另一封讀者杰羅姆的來信也經歷過一些事件：「在工作職場上，我的主管看我的樣子，就好像我是個會讓他害怕的人。因此，我對我自己說，那我就將我的弱點展現給他看，讓他有點自信心！現在他偶爾還是會有害怕的眼神，但次數少了些。可是我在你的書中，沒看到這項建議（我現在正在讀《想太多也沒關係》第一六〇頁，之後有可能會出現嗎？還是我跳太快了？）。因此，總之大概就是：『對，我是個動作很快的人，常會忙到氣喘呼呼。沒錯，我喜歡同時做四、五件事。還有，我不是一個一成不變的人，而且我對很多事物都非常有興趣，但有興趣的事物實在太多了，天南地北都有可能。』我注意到由於我這樣的做法，常會讓我的上司感到非常擔憂。因為，我的主管是個吃苦耐勞又規律的人（至少在他與我互動的時候，我看出來了）。他在很多領域上都表現得非常優越，可是我自己對於那些領域實在是差強人意。我很難表達個人的想法。其實我只想讓那些與我互動的人，了解到我還是有所極限的（例如：不穩定、無法規律化等……）以免對方會覺得我很奇怪，進而產生距離感，我想這樣做能讓他們稍微喘口氣。我想以上的行為應該不是說謊吧！只是一種策略，一種「讓事情順利」的策略。但我常想這樣做是否是正確？」

在工作職場，就如同其他環境，從古到今都有投機剝削者的存在。從虐待奴隸到地獄般的血汗工廠，或是有些國家中竟有童工勞力。而在我們所謂的文明社會，投機剝削的行為只是透過另一種形式來展現，而且顯得更虛偽。例如，兼職工作的出現。其實作為一個進步的社會，每個人都很清楚如果一個人只上半天或幾小時的班，根本是沒辦法養活自己。然而，人類對於工作品質的要求，追求的是精益求精，就好比一臺機器一樣。但就杜班尼而言，也希望人們不要搞錯：其實對於工作品質的要求，僅僅只是一種管控員工的方法而已。他這麼說：「品質管控要求就是要求遵守程序或依照標準進行作業，以追求產品的品質。但其生產過程卻是極端重要。這些程序與標準的建立是以正確的方式生產而減少其他可能的選項，並要求有哪些人是可以從事該項工作。如此的生產過程，形同一種制式的服從。有些人擁有的許多能力僅只出現在企業的面試過程中。一旦應徵上工後，他們的能力也就從此消失了。因為，他們得仔細地、小心地根據該有的流程執行他們所交付的任務。因此，所謂的工作品質，就是與流程標準相關，而與該執行者的能力毫無任何關聯。因此，工作崗位上的執行者可以被取代。人類此時就如同一臺電腦、一張桌子或一間會議室，隨時可以被取代。」

因此，以上所有的一切，我相信你一定感受的到了。儘管你不理解職場中權力與統御的遊戲。過去你活得很辛苦，遭人排擠或騷擾。而且你還一點都不曉得到底發生了什麼事。現在，你需往後退一步，想一想：如果有些事情，看來真的難以理解時，請思考一下黑猩猩（指生物本能）的行為模式吧！不要再讓別人把你當笑柄。

其實，還是有一些秉持人道精神的公司，他們真誠地在尋求提高生產效率，及降低員工壓力的解決方案。我曾參訪過一些連我都想去上班的企業！所以，我們要做的是：將這類型的公司，模式化與擴大化。人們應當期望，擁有更多的動力去建立一個人性化且高生產力的企業，而非建立那些以黑猩猩為主導的企業。為了改善工作情況，首先應捨棄那些品質規範流程，因為這些流程僅根據外在事實因素而設立，而非人的價值本身。人的價值應再回到企業的核心當中。而那些最具有生產力的公司，他們的特質就是傾聽他人，重視人際關係連結的公司，這樣的公司更鼓勵員工自主性與擁有創造力；同時也能夠辨識員工的能力，唯才適用。現今生產創新的模式，趨向的是複雜、團隊的集體智慧，大家共同努力、讓員工感受如同家庭般正向的、支持的關係，擁有團結合作意識。知人善用，會讓你的企業更茁壯；鼓勵員工與賦與員工責任感，才會使得每個才能都能大放異彩。

全體合作可以管控每個人工作的進行。不存在階級意識，相互尊重，嚴肅中摻雜著輕鬆幽默。當你樂在工作時，其所帶來的表現，一定勝於你在壓力下進行。建立理想企業的建議如下：根據任務需要，制訂所需要的參與人數與物質資源、安全項目、IT資源及所需容易取得的相關信息等等。對於員工，可以附加托兒所與看護服務，那麼你這家公司就是人人嚮往的企業了。以上友善的協助，可以增加企業的附加價值，如同一塊蛋糕上的甜美櫻桃，那才是重點。因此，透過以上人性化的團結合作，我們有能力阻擋惡意之人與心理操縱者的滲入，自然而然地將這類的人排除在團體之外。那麼請問人性化的企業，這樣的典範就是解決之道？請不要太急著喊「太棒了！」，但也不要過於悲觀。因為在左拉（Émile Zola）一八八三年所出版的小說《婦女樂園》中，就已經提到企業善待員工，將會促使社會進步及發展。因此，你可以發現人性化的想法其實早已走了一段路。我們現在離目標不遠了。當下我們要做的事，就是重新發現人性，為它提出創新的想法。

在我看來，應該有十三％屬於企業中的標竿——人性化企業，達到道德後成規階段的第六階段——道德原則與普世權利。如果你沒那麼幸運能加入人性化的企業中，那麼你可以在你的工作環境中建立友善的氛圍。或是你也可以考慮成為SOHO族，用你自己的槳，依照自己的節奏，往前划行。自己不會受到壓迫，也不用強迫別人坐上開往地獄的列車。

當然，你也有可能成為自我奴役的人，如果是為了滿足你的人生使命，你連時間的流逝都不會注意到。妨礙你個人自由的唯一且真正的障礙，就是你與金錢的關係。

不要再白白被占便宜了！

我可以很肯定一件事，而且已經見證數百次以上，那就是「大腦多向思考者」對於處理金錢的態度實在是大有問題。輕蔑？冷漠？甚至我們可以說這群人就是故意與「金錢」作對。談到錢？唉，別說了！「大腦多向思考者」理想中的世界，根本沒有金錢的存在。就是指大家都生活在免費當中，一切都是從天上掉下來，所以也不會有人濫用資源，是嗎？

最近，我在Facebook上看到大家互相轉發的一句話：「金錢無法讓事情變得更簡單。它只是用來支付那些沒有意義的事物，而且只會複雜化分享的概念，更分化人群。金錢讓人類為之瘋狂，讓一切都變成有毒之物。因此，金錢不是一種交換的媒介，而是一種讓人產生壓力的方法，讓人變得愚昧無知。」我認為，上面這句話，大概可以說明你對金錢的看法。然而，你這樣的信念不僅錯誤，而且還過於局限。因為正是你有這些想法，使得你容易成為騙子與投機者的獵物，讓你生活在不必要的貧困與危險當中。記得老鼠的實驗吧！問題真的不是出現在飼料上，而是在於那些投機者、剝削者竊取他們所掌控的老鼠口中的食糧，那才會是真正的問題所在。

因此這故事與金錢的道理相同：金錢是不會產生問題，而是人性的貪婪。金錢只會腐化貪婪的人，而世界上這樣的人實在還是很多。因此，你搞錯了抗爭的對象。金錢是一種中性的能量，必須與它達到和諧的狀態。舉例來說，如果你以為車諾比核災的造成是由於打雷閃電而形成的災害，你就會將電力視為一種負面的事物。但同時來說，電能也可以是一種正面有益的能量，例如加熱茶杯，發送電子郵件等。因此，人們給予你金錢是認可你的辛勤工作，所交付給你的報酬。透過金錢，你將獲得安全、舒適與休閒的生活。

在我二十多年以來的協商經驗中，好幾次我都很訝異，你們指責自己身陷其中的貧窮假象，卻不願意正視金錢這個問題的存在。我很驚訝你們常花一些冤枉錢，或被你們的老闆、朋友或配偶肆意地矇騙。一旦「大腦多向思考者」扯上金錢，你的行為表現就像個被統治的老鼠一樣，你會大方地讓出你的所有物，而自己可憐到只能吃剩下的麵包屑。還有，你經常不收取你工作應得的薪資。也因此，讓那些投機者有可趁之機，濫用你樂於助人的善心。

朱利安在他正職工作之外，自己成立一個業餘劇團。朱利安是一位導演兼編劇，而且還是一位戲劇老師。他對我說，戲劇是他的熱情，喜悅的泉源。這個劇團成立七年以來，大約有十多個員工。

近年來，朱利安有許多優秀的作品上演，他所舉辦的活動更頗負盛名，得到許多人的認同。但最近，他被他一些團員的態度所傷害了：這些人沒有積極地投入戲劇表演，而且還表現得一副趾高氣昂的樣子。有一個最近離開的團員對朱利安說，他覺得表演工作不再有樂趣了，而且他還說朱利安對他說話的口氣，實在很差。團員說：「朱利安變了。」朱利安對於這些團員的態度，感到非常難過。因為七年以來在這劇團裡，他是個不支薪的志工。隨後，我也了解到為何朱利安認為他團員學生們會如此忘恩負義。因為七年以來，這些團員也都是不支薪，習慣拿取免費的事物。我告訴朱利安說：「其實免費就是沒有價格。所以，也就是沒有價值。那麼，你認為其他的劇院老師，他們如何過活呢？」朱利安嘆了口氣說：「唉，那些人是拿薪水的，有人的鐘點費還很高呢！」我隨手拿起計算機，算了一下：戲劇班的學生，一年要支付約五百至一千歐元之間。所以，這七年以來，朱利安大約損失了四萬二千到八萬四千歐元左右。而身旁的人藉著朱利安的熱情，從中利用他所提供有品質的戲劇教學，還以為朱利安的授課簡直就是毫無價值可言。反過來說，朱利安也從來沒有問過他的團員們以什麼維生。當這群學生學習有品質的戲劇課程時，也都沒有考慮過要支付學費。也許這些團員們也覺得自己被剝削了，因為他們也沒收到表演費！但朱利安只想說要讓他的團員們快樂，感覺到大家是生活在一個大家庭中，這樣他自己也會感到很幸福。但這樣的想法在這現實世界中，是行不通的。當你結束這段冒險時，你只剩一身的厭惡與無力感。

露西告訴我，由於她最近經濟困難。所以，一個月只能與我面談一次。她為這情形感到非常抱歉。

透過我們的交談，我了解到從今年年初開始，她每週兩次免費幫她的鄰居上德語課。我問她為何不跟她的鄰居收費呢？另外，她本身的日子也不是很好過。她對我說，跟別人要錢這件事，讓她很困擾。露西還說：「這沒什麼大不了的，沒關係的。」之後，我問她上別人的鋼琴課或電腦課程，是否也會不付錢呢？她回答道：「不會的。」她會覺得這樣欠人家太多了。可是，露西就是無法開口，要求別人支付她的德語教學。可是這樣一來，她一個月大約就少了一百二十歐元或甚至更多的收入，因為我知道她還幫其他人免費上課。

碧姬，她也有很大的經濟困難。當她輕聲地用孩子氣的口吻對我說：「我得找一些零錢來花花。」我糾正她的話，說道：「首先，『零錢』二字是指小孩子用來放在存錢筒中的錢。第二，錢不是『找』來的而是『賺』來的。作為一個成年人，你就是得賺錢過日子。」但碧姬仍若有所思地說：「可是我想用另一種方式來表達，因為『賺錢過日子』，這樣的話聽起來很刻板！」

可是，碧姬她是一個超過四十歲，還有一個小孩的媽媽。所以『賺錢過日子』這件事，可一點都不刻板。對於金錢，「大腦多向思考者」經常有如此幼稚的心態：你簡直就是在玩火！當你的生活、生命都變得岌岌可危時，你還指望運氣可以給你一線生機。

伊麗莎白・庫伯勒－羅斯博士（Dr Elisabeth Kübler-Ross）她才是將自己的生命奉獻給那些奄奄一息的人。她確認從來沒有聽過一個垂死之人會說：「如果我身上有一萬歐元，我的生命將會有所不同。」不過，今日我們處在一個「沒有金錢，萬萬不能」的社會中。是什麼樣的理由，讓你們當中有些人相信自己就能逃避這種義務，不用養活自己呢？如果你在經濟上不能獨立，那麼就是別人掏錢養活你。你覺得這樣公平嗎？如同你們喜歡表現謙虛，與這道理是相同，你把自己放在一個貧困的邏輯裡：每個人都是很差的。但事實卻是每個人都有權利過著安全舒適的生活，因此，貧窮不是美德。對於那些辛苦賺錢的人，不應得到負面的評價。所以，你也有義務要賺錢謀生，即使這樣的用語表達有所局限，就等你們去創造一個新詞吧！

金錢只是一種能量，僅此而已。生活中金錢流動的方式，僅表示你生命中能量流動的方向。錢從哪來？錢往哪去？在「金錢」上，你是稀少還是富有呢？你又如何投資或浪費它呢？

金錢只是一種能量流動的結果值，而你卻不願意付諸實踐。金錢也是一個對等的交流。但矛盾的是，你是一個超有正義感的人（也就是說，你非常反對缺乏公理正義的事物）。而你對自己，根本就沒有能力接受別人對你的回饋。相反地，你只會不斷地付出、給予，永無止盡地犧牲。

正因如此，我們能夠更加理解薩滿教關於對等溝通、平等交流等深層問題的智慧。杜凱清楚地解釋到薩滿祖先智慧的話語，其實對等溝通，涉及到一種權力的遊戲，而這權力關係則來自於人們彼此之間依存的關係。但是，擁有自由之身的人與明辨是非的智者，則是不會受限於權力遊戲，任人掌控。杜凱認為：「只有雙方各自擁有權力的基礎下，對等溝通才有可能發生。」因此，任何一種以階級所形成的系統，根本無法擁有對等的原則。因此，對等的交流是顛覆所有極權主義的種子。此外，雙方能形成對等的交流，對話者也需有強大的耐力與透徹的觀察力，以了解彼此是否正在進行一場平等互惠的溝通。因此，杜凱提醒道：「人類需要追求精神層次的提升，才能擁有如此深遠的智慧，這也是一項危險的自我療癒過程。如果人們試著以臣服或逃避、轉換想法的方式，想要在日常生活中實現對等原則的話，則會面臨到困難。因為非階級結構與對等交流兩者緊緊相扣，而且要付諸實踐於日常生活的行為當中。此外，對等交流也會產生經濟效益。對於個人的工作成果，我們不會拿超過的金額；同樣地，我們也不接受他人給予低於個人工作應得的實質薪資。由於自我如此要求，將促使每個人每日糾正自己的行為舉止。」到最後，杜凱認為「對等交流」將會深深地改變人類與世界的關係：「一旦有人將『對等交流』的原則，應用於伴侶的關係中，與孩子的關係或親友鄰居、動物、大自然如植物或石頭等的關係中時，當事者的生命景象將因此而改變。」

因此杜凱帶著信心，下結論道：「我相信這樣的一天終將來臨，而且我很肯定。因為人類已經了解到『對等交流』的原則，有一天人類一定會重新深入該智慧。薩滿教的出現不是一種時尚。它代表的是一個廣大無邊的希望：重新發現祖先們對於和平共生與和諧互信的宗族智慧。」

除了薩滿教所倡導的平等交流、互惠原則以外，在《交易分析》一書中也提及所謂人的五項原則：一個人要懂得能給予、接受、要求、拒絕（給予與接受）及自動自發的付出。透過這五項原則，你的生命將充滿能量，能自由自在地流動。這些能量包括：愛、時間、工作、讚美等，而現在我們所需做的事，就是將這些原則，實踐於日常生活當中。

那你現在認為自己是給對方太多，還是從別人身上獲得太少了呢？因此，透過金錢的流動，也是一種衡量「對等原則」的方式，促進平等交流的方法。以下我們將說明有關「對等」的重要概念：

如果你付出的，比你得到的多，那你就得與對方疏遠。因為當你不斷地付出，你就會對對方的要求越來越高。如果你想離開，你就得在這場遊戲中置身事外。

所有的努力，都有應得的報酬。如果你同意免費幫別人做一些應當收費的事，那你就是剝奪了其他人賺取金錢的權利，因為你「打壞了市場行情」。由於你的緣故，有些人拿少了應得的薪資。你損害了別人的權益，因為他們有可能很需要這筆收入。還有，如果你只拿一份薪水但做三個人份的工作的話，你也打壞了勞力市場行情。

價格不是在於人們所能支付你的數字，而是在於你的價值。

一旦人類有足夠的經濟來源時，我們才能保護自己，擁有獨立自主，保有自由。個人所賺得的金錢，更是保有自尊的指標。當我們有足夠的經濟來源時，可以做自己想做的事。請問何錯之有？金錢還可以幫助我們用在自己很在意、很重要的事情上。儘管我們不需要崇拜金錢，像崇拜神一樣。但它確實是我們必須尊重的崇高能量。

2 與人相處：總是不合的人際關係

改善你的人際關係

你們當中有許多人告訴我：你們對於人際關係感到失望，也覺得人際交流實在太困難了。你們覺得自己在人際溝通上付出許多心力，但還是無法理解他人。自己常因對方的行為，感到訝異或受傷，甚至覺得被出賣。同時，你們自己也感覺到與別人存在隔閡。加上你們無法理解社會上太多隱晦的行為，因此有時會做出一些失態的表現，自己久久無法忘懷，甚至有時難過到憂鬱低潮的情形。當你閱讀到這句話時，我相信讀者你是有依照我要求的閱讀方式，一頁一頁瀏覽。因此，你現在對於現實世界，應當有更清楚地了解。同時，相信你現在也擁有相當的能力懂得自己為何會與他人產生誤會的原因。一旦你理解這些事情之後，它會幫助你簡化與人的溝通關係。在這一章，我想與你們更加深入地討論，與人互動當中的機制。

與人交流時，「大腦多向思考者」可能會有的誤解

首先，我先總結你與人交往的問題：當你與人交流時，你本身有誤判的想法，因此誤解對方都與你相同。

與人交往時，你第一個誤解：毫無例外，你將個人的信念與價值觀，投射在他人的身上：

你只在乎與對方連結的關係，不論對方的階級。

你以為每個人都懷有善意，願意共同合作。

你以為每個人都是以道德為個人的行為準則，而且相信大家的價值觀都是以人為本，擁有開放的心態與智慧。

你對於「個人」這個概念非常薄弱，而那些愚蠢或懷有惡意的人，可是一點都嚇不走你。因為你不喜歡去審判論斷別人，或者可以說你拒絕去評論他人。但說實在的，這的確是個大問題。因為當你與人交往時，你完全沒有考慮到潛在暗藏的權力遊戲或者未來可能的變化。這也正是之前我曾提及的：你經常會「開人際關係的空白支票」。有趣的是，你

的感覺與我大不相同，你常說：「我以為每個人都跟我一樣。」但現在，當你閱讀本文時，你已經取得了對話語言的密碼，能夠理解對方的行為了。有些人會在一個健康愉快的環境中與他人競爭；但有些人則會使用激烈積極的手段與人爭輸贏。因此，當你面對於某些人時，有可能發生討價還價的情況，但有時與某些人交往，就僅僅只是交易行為而已。請記住你不可能和一個與敵友建立同盟關係的人，共同發展出建設性的伙伴關係。還有，當你自己面對一段階級關係時，千萬不要看輕自己，更不要產生恐懼或過多壓力。

你第二個誤解：你對人所做事情，總是超過你應做的。慕妮是位醫療看護。在我們見面的前一天，她去參加了馬修・里卡（Matthieu Ricard）所舉辦的「利他主義」研討會。她告訴我參加研討會的過程與之後的心得。在會議一開始時，她個人非常傾心於演講者所談的人道主義、利他主義、正義仁慈等所有的美麗價值觀。她自己也非常贊同里卡的演講內容。可是回到家後，她覺得很氣餒，因為她認為自己沒有達到個人所預設的目標，所以變得非常內疚，總覺得自己做得不夠多。但突然間，她改變了態度。她覺得「自己總是做得不夠多」的這個想法，會讓有些已經做得很好的人，心中蒙上更深的一層陰影。

事實上，聽完一場利他主義的演講，是不可能將一個原本自私自利的人，能夠徹頭徹尾地改過自新，而且像這樣的人應該是不會來參加這場研討會。她突然想到：「並不是每個人都有義務來參加這場演講。我們其實已經做得太多了。做得太多的人就好像是一位體操選手，其實已經夠會彎曲折腰了，可是還一直認為自己應該可以再柔軟些。」我非常同意她的說法：與人交往時，一開始你不用做得太多，之後事情才會順利發展！

還有，你有卡珊德拉症候群，預言身旁周遭事物的能力。這樣一來，會使得你的生活與他人的交往更加複雜。但現在沒關係。你有通關密碼，你了解到：自己與社會的疏離感、與他人交流時會產生的文化疏離感，這三者之間的戰爭。另外，「大腦多向思考者」在人際交往中，總認為自己說得有理，站得住腳，而且過於要求對於人事物的精準性與真實性。最後，落得跟卡珊德拉公主一樣，擁有預言未來的能力，但卻缺乏說服他人的本事。最後，只落得閉上嘴巴，沉默不語。

過早以為自己有理，其實是犯了一個嚴重的錯誤。我們能有機會讓別人認為自己是對的，這也是一種快樂。總而言之，面對現實的世界，一般人無法與你有相同的感知。另外，你一直爭論自己是對的、有理的，其實部分的原因也是來自於你缺乏自信心的緣故。但你想想哪一個比較重要呢？不停爭論事實的對錯，還是建立和諧的人際關係呢？

追根究底，你在人際關係中最大的問題，還是來自於你缺乏「自我」的緣故。因為你一直希望能與別人建立共同的願景，還有過多的利他主義，這些導致你的人際關係無法一致。你知道一件事嗎？當你缺乏私人的空間時，便無法擁有個人隱私。而你一直期望與他人建立共同的願景，這件事已經不再是與別人共享事物，而是你將自己融合在他人當中，造成你個人毫無自我可言，沒有個人隱私，同時，你變得與他人也沒有什麼不同了。對於親密的關係，僅限於兩人之間彼此分享。然而你在與人建立關係的初期，便顯得特別真誠坦率，因為你覺得自己有必要表現出你的誠意。但在此同時，你是否也須問問自己：是不是太相信別人了？又或者是你無法壓抑自己，控制不住情感，不知不覺說出太多的祕密了？也因此，你在別人面前幾乎呈現透明的狀態。更糟的是，你連個人的自尊都透明化，簡直就是赤裸裸！但事實是，並非所有的人都想要如此了解你、認識你。

當一個人缺乏自尊，他就無法與他人建立真誠深厚且健康的人際關係。儘管你是一個非常幽默風趣的人，但在人際關係中，你還是無法淡然處之。畢竟，每個人都沒辦法像心理諮商師一樣，能夠與你擁有深入的對談或細膩的討論。

那什麼才是真正的人際關係呢？是做我們自己嗎？還是改造這個世界？或是與人一起玩耍嬉鬧？還有，那些「善於交際的人」他們是如何做到的呢？如何與人攀談？如何與人如何建立良好的關係呢？

「不管到哪，都沒有我立足之地」

「我找不到我的立足之地。」這是你經常說的話。在大多數的情況中，感覺到自己與大多數人的節奏不一致。但事實是，一個複雜性思維的人是難以站在一個以線性思維的角度上，來衡量考慮事物。再加上，「大腦多向思考者」缺乏自我，自尊心比「一般人」相對地低，使得你無法客觀地了解到自己的價值。還有，你拒絕跟大家一樣，加入競爭的行列，你習慣默默地站在一旁。

然而，人與人之間的關係，其實是一種相互鏈接與上下階級的微妙組合。「鏈接」指的是平等的關係，彼此之間沒有相互比較或競爭的情況。而「階級」則是一種層級、主從的關係，人們彼此間相互競爭、比較。團結的鏈接關係，基本上來說只是一種彼此之間相互鏈接的關係。而一場比賽或競爭則是一種排名、等級關係。

對於一項團隊運動比賽而言，人們需要結合鏈接與階級這二種關係。與隊友之間，產生鏈接的關係，與比賽的隊伍則會產生排名的關係。其實，政黨政治也是相同的道理。如果同黨間，有太多的競爭，該政黨可能會在整個選舉中落敗，或是有個人選舉人會落選的情況發生。在階級與鏈接這兩者之間，有兩種極端的人：一端是固守道德主義者，「大腦多向思考者」即屬於這類型的人。而另一端則是心理操縱者，這樣的人不斷地追求權力與排名。在這兩者之間，則屬於「一般人」，他們會在道德與權力之間尋求平衡，與同儕間建立上下階級或相互鏈接的關係。

也就是說，每個人試圖在「自我自尊」與「他人自尊」之間，找到一個平衡點。在《交易分析》一書中，稱該平衡點為「生命定位」。

以下為《交易分析》說明人類在「自我自尊」與「他人自尊」之間，會產生的四個行為象限：

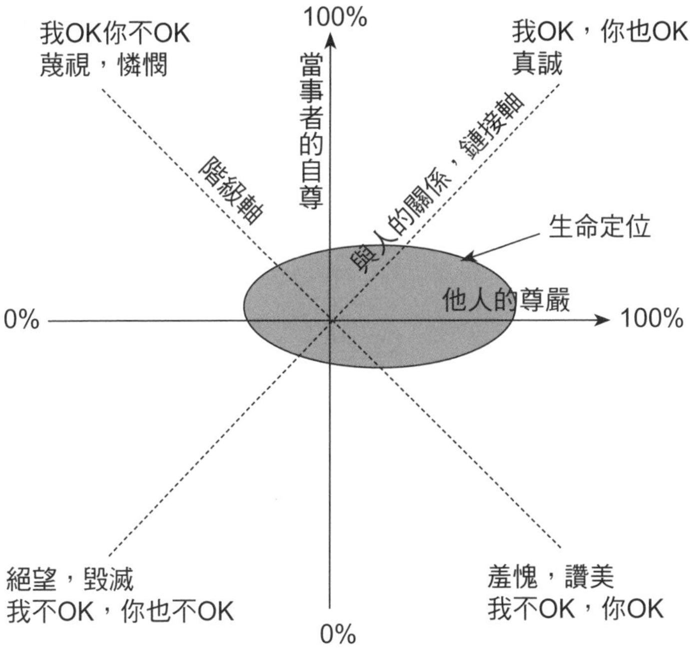

我不OK，你也不OK：

我不算什麼，別人也不算什麼。當人處於這個象限時，他（她）的人生只會經歷絕望與仇恨，只會摧毀自己與他人。如同斯多葛學派[27]（stoïciens）的德維尼（Alfred de Vigny）所言：「生命就像是個陰暗潮溼的地窖。當我們待在地窖的這段時間內，人得不斷地編織稻草，溫暖自己，直到末日的來臨。」無家可歸的流浪者、酗酒者、吸毒者這類的人，都會感到生命如同以上的景象。那是由於這些人的自尊是如此低落，只能用僅存的尊嚴向人乞討或請求他人援助，從萬丈深淵中將他們救起。同時，這種生命的景象也正是自殺者的寫照：這樣的人沒有尊嚴，也不考慮家人、好友對他的愛，只會不斷地譴責自己，最後對自己執行死刑。此外，心理操縱者也是屬於這類型的人：他們對別人都是充滿著仇恨。一旦他在你身上看到機會，便會及時地趁虛而入。最後，將你整個人都毀滅掉。

我不OK，但你OK：

我不算什麼，但是別人可都是很有價值的人。當人處於這個象限時，這類的人會對自

27 為古希臘和羅馬帝國的思想流派，約於西元前3世紀創立。學說認為人是由靈魂與身體共同組成，人的理性來自神的理性。因循理性，人意識到人的目的應當是追求德行。但人於初生之時，依照生物本能過活。及到成年，理性漸漸發展。因此，人要對他人有責任，愛人如己。

己感到羞愧；但對別人又欽佩又稱羨。因此，這種感覺是相當混亂的，夾雜著羨慕與嫉妒。如果就好的一面來說，當事者看到別人優秀的一面時，可以激勵自己，往上成長。將別人的範例，作為自己追求的目標。但也請記住，不要過度理想化對方，也不要因為他人的緣故，將自己變得過於複雜，不知何去何從。因為，我們當中的每個人都會進步。我們可以學習別人成功的典範，但並非一味模仿別人。還有，你的目標需訂在自己可達成的範圍內，不要過於天馬行空。

我OK，但你不OK：

我是個有價值的人，而其他人都是無用之物。當事人站在一個至高點，看待他人時，都帶著蔑視與憐憫（請不要與同理心混淆）的眼神。他（她）覺得自己比別人優秀，同時也會讓人感受到他（她）的自大傲慢。即使當事人沒有過於招搖的表現，但會以為自己就是救世主，覺得別人都很脆弱貧苦，都要靠他（她）來「修補」這些人。自我感覺良好，認為自己就是高人一等。

我OK，你也OK：

我是一個有價值的人，別人也都是有價值的人。這個人生象限處於一個真實健康、和平對等的關係，相互之間可以建立良性的合作。顯然地，這是每個人心目中希望的理想定位，但甚少人可以達到如此的境界。要擁有這樣的人生定位，當事者需要有卓越的自尊心，並積極正向的態度與人交往，產生對等鏈接的關係。在此同時，當事者也須給對方一些時間反應、了解。之後，再適時地伸出援手，協助需要幫助的人。

我相信當有人回應「大腦多向思考者」的需求或邀請時，「大腦多向思考者」一定感到非常快樂。但是，「大腦多向思考者」本身卻很難接受別人給予你的讚美或謝意，這是來自於你個人缺乏自信心的緣故。所以，就「大腦多向思考者」而言，實在很難實現**我OK，你也OK**的生命定位。由於你們不認識自己、不了解自己的價值，也無法確定自己到底要什麼。而當你面對他人時，不知道要如何開口請求對方的協助，也不敢打擾對方，怕對方會拒絕你的邀約，因此，你會變得孤獨一人。

就一般的情況來說，每個人的生命定位並非能如以上所述，定位非常清楚，通常會處在以上四種情況之間。但可以確定的一件事是，「他人自尊」與「自我自尊」這兩者之間，一定有一項是屬於主導地位。

舉例來說，假如當事者是正處於失敗挫折或遭人排斥的狀況下時，他會掉入「我不OK」的狀態。但假如當事者獲得成功的話，又馬上讓當事者切換到「我很OK」的快樂心情。

其實，當一個人處於「我不OK」或失敗挫折的狀況時，非常需要與人建立鏈接的關係，可以幫助你從谷底攀升。建立人際鏈接不僅可以降低團體中緊張的氣氛，也可以減輕個人的壓力。「一般人」在這點上做得很好，正是《交易分析》一書中所稱的「殺時間的對話」。這樣的談話內通常很平淡，一些事不關己的主題，例如棒球、血拼、天氣等……由於這些無關緊要的主題，可以讓大家安全地彼此交換想法。「一般人」也會刻意迴避一些敏感或尷尬的話題。但是，如果你還堅持談這類話題的話，可就會惹惱「一般人」。而「大腦多向思考者」經常在眾人的聚會上，感到無聊或與人格格不入的原因，就是因為你們覺得這些對話，實在太過膚淺。但希望你們也不要低估了這些「一般人」為了讓彼此產生相互支持，所花費的努力。他們為了避免產生等級、排名等的衝突狀況，因此聰明地選擇中性的談話主題。「大腦多向思考者」必須了解的是：一般人透過「殺時間的對話」，彼此之間可以建立起人際關係。

然而，當「大腦多向思考」的孩子感受到自己與同儕有落差或格格不入時，自己會變得很焦慮，害怕受到他人的排擠。所以，他得比一般人還努力，花更多的精力，讓別人接受自己。但是，「大腦多向思考」的孩子卻沒有意識到自己努力的方式，不是應做的方式。因為從一開始，你們願意付出所有的代價，以換得人際關係。然而你們天生就欠缺等級、排名這種的階級意識，對這件事實在是無能為力。因此，你們會在不同的關係、層級上，產生問題與隔閡。

「大腦多向思考者」必須學習：考慮當下的情況。當下人們希望你做什麼事？你們彼此是屬於鏈接的關係還是層級的關係呢？你們之間的交情有多深？如果對方沒有意願也不必強求他人。因為，你大喇喇地敞開心扉歡迎對方，他（她）一定也會感到很尷尬。隨後，不必與「我不OK，你也不OK」的人做朋友，這類的人不會與你建立對等的關係。一旦你自信心不夠和不了解階級關係時，這樣的人會把你帶向地獄，並把你踩在腳下，讓你永不得翻身。在競爭的環境下，當你顯示出你的軟弱與臣服時，有機會建立鏈接的關係。但一旦有人發現到你的自卑感，或者你發現對方的態度傲慢，對你不尊重時，請你有效率地完成彼此的合作。你們還記得伊麗莎白嗎？在《想太多也沒關係》一書中提過她了，她想帶給每個人她的善意與微笑，那請問對待滿嘴髒話的人，也需如此嗎？我問她為什麼要對一個可惡壞心的店主微笑時，她說：她相信不是這個人不友善，只是他個人發生一些不愉快的事，她想她的笑容或許可以帶給這個陰鬱的店主一天的陽光。但另一個諮詢者保羅，則使用不同的方式對待對他不友善的人。他告訴我這個故事：有一天，他到他家樓下的複印店問影印A5的廣告傳單要多少錢。那個店老闆臉很臭地回說：「如果你不告訴我你要印多少張，我就沒辦法告訴你要付多少錢！」這時保羅感覺到自己沒得到對方的尊重。因此，也用相同的口氣回說：「如果你不告訴我一張要多少錢，我是沒辦法告訴你我要印幾張！」

保羅得意的對我說道：「倒很奇怪，這時老闆變得很客氣，認真地招呼我。」我想這個店老闆在乎的只是對方的層級、排名：他要不就是會碾碎對方，要不就是從對方的屍體上爬過去的人。我想保羅的定位，勝於伊麗莎白的笑容。譴責對方勝於讓對方踐踏。

同樣地，當你以為你與對方是對等的情況下（或甚至更親近）彼此談話時，而對方認為自己比你優越許多時，這樣的對話是非常危險的。你會讓他（她）越沒安全感，他（她）讓你的地位顯得越低下。舉例來說，醫病的關係中，尤其是醫院，醫生希望你對他（她）的態度是畢恭畢敬的。我有好幾個諮詢者在醫院中，被醫生嚴重地搔擾。但由於她們擔心自己的健康，在要去看診的路上，心理總是忐忑不安，無法讓她們再信任醫生。我想這些醫生都認為自己是黑猩猩的首領，可以任意地對待女性。回顧經驗，假如患者沒有採取卑躬屈膝的態度，畢恭畢敬地面對醫生的話，醫生會把這位病人的態度看做是一種挑釁的行為。但如果病人像伊麗莎白一樣，投予討好式的微笑，醫生不知不覺地會把病人的行為看做是一種引誘。雖然，這聽來很令人震驚，但這機制其實是很容易理解。當一個女人對一個男人微笑，這男人一定認為自己很吸引她。所以，現在得要阻止伊麗莎白不要任意地對陌生人報以微笑了！簡單地來說，如果你想測試權力關係的話，你去看醫生時可以帶著世界衛生組織的建議，好好地與醫生平等的對談。

我想你們可能連門都進不去！很少有醫生在看診時，會持有開放的態度與患者進行對談。但現在年輕一代的醫生比較不一樣了，他們的態度正在改變（別忘了約有百分之十三的人口是屬於道德第六級的階段）變得更為平等、開放。

同樣地，當你面對執法人員時（例如：法官或警官等），這種情況下，人很正常的，不得不擺出畢恭畢敬的態度。但我想這行為對「大腦多向思考者」而言，是不太容易的。帶有叛逆性的你們，對我說：「可是，他們也是人啊！」沒錯！但他們有其職責，代表其身分。如果你不考慮這一點，相信你會招來許多不必要的麻煩。我的許多諮詢者，他們都是在事情到不可收拾的地步時，才會發現自己的問題，例如：當他們離婚時或面對法院人員時。

此外，當有競爭的狀況時，許多「大腦多向思考者」寧願選擇不參與這場競賽。如果這場比賽還有計分的話，他們會說：我不玩了。然而，拒絕階級、排名的態度，會引發彼此的衝突，或會讓別人惡意欺負你。同意參與競爭的人可能會失敗；但選擇不參與的人，就已經戰敗了。對於那些喜歡統治他人的人而言，看見你拒絕參與權力遊戲，會認為你的拒絕是一種臣服的表現。對他而言，這可真是意外的收穫！還有，懦弱的人是不會表現出不滿的態度，人們可以輕易地碾過他或玩弄他！如果你的身邊沒有這類剝削者、駕馭者的話，你實在是太幸運了。「大腦多向思考者」會經常受到這種惡意的欺侮，怎麼辦呢？即使如此，你還是會說「沒關係！」

當你決定不參加競賽時，這些排名、階級的事件會一直圍繞在你身邊。如果你認為自己真的可以置身事外，人們彼此間的相互較勁，會讓你跌得更慘，幾乎是措手不及。舉例來說，一般而言，「大腦多向思考者」都無法衡量自己專業的價值，因為你拒絕評估自己。所以，當你遇到一個與你旗鼓相當的同事時，可能比你差一些，你還會覺得這個人好厲害，那是因為你缺乏自信心。突然之間，你宛如「跌入谷底」，覺得自己很「遜」。每次當你經歷這樣的事件後，你都需要好長的一段時間重新振作，恢復自信心。總之，當你照鏡子時，不會認為鏡中的自己是隻天鵝，你會一直告訴自己說：你真是一隻醜到極點的鴨子。請你花一點時間與他人做比較，客觀地衡量自己的能力。你實在需要這樣做，來找到你生命中的定位點，驕傲地站在你應有的位置。屆時，你會發現到自己感到無比地安全與寧靜。你的信心隨之增強。哦！我差點忘了最重要的一件事：其實你必須與你內心的那位批判者，建立彼此平等的聯結關係，而非階級的差異！

了解一般人的思維，並學著適應他們。

人類是由一大群「想得很少」的人，和一小群「想得很多」的人建構而成。

莎岡[28]（Françoise Sagan）

正如我在本書開頭所言，「一般人」對於《想太多也沒關係》一書的反應，真的很令我失望。我原本以為這些人會很高興終於可以讀到一本解讀「大腦多向思考者」的書。但逐漸地，當我越來越了解到「一般人」的思考模式與價值體系時，我也就理解：認識「大腦多向思考者」，並沒有排在他們生活當中的優先事項。而且我認為「一般人」要認識你

28法蘭西絲・莎岡（Françoise Sagan）1935—2004，為法國知名女性小說家、劇作家、編輯。以中產階級愛情故事的主題聞名。中文譯本有《日安憂鬱》及《我最美好的回憶》等。

們，還得一段很長的時間。但這並非表示「一般人」不想理解你們，只是他們無法理解。

如同瑪麗所說：「我覺得我們好像超越了『一般人』。你知道嗎？就像看那些神奇的圖片。第一眼乍看之下，我會看到點狀形成的森林。然後，我分散我的焦聚，我會看到有一個立體的影像浮出。但是，當我告訴「一般人」在這些點狀物中間，有個立體的圖像時，他們還是無法看到浮出的圖像。」的確，不同於複雜性思維者，線性思維的人缺乏整體結構性的思考。但我這樣的說法，不是一種惡意的批判。

二〇一四年九月二十八日，我在《觀點》（Le Point）的報紙上，隨意地閱讀到一篇文章：〈為什麼我們需要閱讀個人成長的書籍？〉由於這篇文章，我了解了更多的事。文章一開始是這樣寫道：「社會學博士及研究員尼古拉・馬奇（Nicolas Marquis），於聖路易—布魯塞爾大學（Saint—Louis-BruXelles）擔任社會學教授，專門研究個人心理成長。

他肯定道：如果就讀者的來信所言，這些個人心理成長的書籍似乎只能提供一些老生常談的論述。但就讀者來說，則會在書中得到強大的力量，改變自己。我們不禁問道：今日我們所處的環境，是一個什麼樣的社會？當人們在生活中遭遇到困難時，得告訴自己不要怨天尤人，而且不能默默承受，要求自己多閱讀一些心靈書籍，督促自己「好好地整理自己的情緒」？馬奇[29]進行一項為數龐大的心理面談，並分析鮑里・西胡尼（Boris Cyrulnik）、湯馬斯・安森布（Thomas d' Ansembourg）與提埃里・傑森（Thierry Janssen）這些讀者的來函。他發現陳腔濫調的心靈成長書籍與讀者廣大迴響的熱情間，有一種不可理解的矛盾。有人會說自己讀了什麼樣的書因而「改變了自己的人生」。顯然地，對於馬奇這樣的社會學研究者來說，讀者的迴響令他難以理解。因為從他的角度來看，的確有點道理：為什麼有人會對有點狀的圖片，產生相當大的興趣呢？

但就我的觀點來說，我想首先「大腦多向思考者」必須不要再期望別人把你當作「一般人」看待，而且請你仔細閱讀以下文字：如果你在圖片中看到的是一幅立體的圖像，對於那些只看到點狀物的人來說，你要不就是有偏執狂，要不就是精神病。瑪麗曾遭受到極痛苦的經歷，瑪麗的雇主要求心理醫生拒絕承認她在工作承受的心理騷擾，也要求醫生不要指出瑪麗擁有某些過人的能力。

29《從幸福快樂到不舒服的市場景況。個人心理成長的社會》（Du bien-être au marché du malaise. La société du développement personnel）PUF出版社，2014年出版。

「丈夫也不理解我」

醫生把瑪麗診斷為偏執狂。這時，瑪麗的丈夫也相信自己的妻子是個瘋子。她的家人也認為她有病，沒有人願意站在她這邊幫她辯護。最後，瑪麗選擇了自殺。可是，自殺這行為只會更讓人確信醫生的診斷無誤，也就是瑪麗是精神脆弱。

「一般人」都會認為，我們應該都是一樣的，要接受這個世界原本的面貌。只有個人去適應社會，而不是反其道而行，要社會來適應個人。例如，對一個「一般人」的教師來說，他會認為沒有必要去個別指導特殊學生，這孩子長大後還是得進入社會，因此他應早點學習如何適應社會。當然，這樣的認知有一定的關連性，因為「一般人」喜歡幫事物貼上標籤，當他們遇到一個思考複雜的人，似乎並不知道如何將這樣的人融入在群體中，使用差別管理的方法。而他們所做的是，否認「思考複雜的人」存在的這個事實：用排擠或誣衊的方式對待這群「少數但確實存在的人」。從歷史的角度來看，人們一直對這群人貼上標籤。

而當「一般人」要寫出一套理論來說明這群少數人時，看來似乎也是一種自相矛盾的說法，他們稱這群人是一種「附帶現象」。但這群人與「一般人」擁有相同的基因，卻與

「一般人」擁有不同的思考模式。而「一般人」所做的是說明這群人可能會混亂社會秩序，製造爭端，而不是討論如何看待這個現象，並讓社會試著納入這群人，甚至會對這群人的研究，當作是一種灰色的理論或教派上的信仰！我舉個例來說，在法國，使用自然療法的人會被標記成某種宗教信仰，但在其他國家，自然療法是獲得認可的。這也正是愛美莉所遭遇的：當她想說出她個人的超能力經驗時，她身旁的「一般思維者」朋友漫不經心地回說：「我覺得這本書就好像談星座、血型這類型的書。它所敘述的內容就是要你分辨出自己是屬於怎麼樣的人。之後，你就以為好像真的了解自己了。你不認為這是邪門歪道的論述嗎？」

有時，當我們遇到這種封閉型的人時，真的令人想要尖叫。對於瑪麗的遭遇，我真的感到非常難過。我想「大腦多向思考者」之所以會選擇自殺這條路，是由於得到眾人過多的誤解，將他（她）推到了極限。你們當中有些來信說道：《想太多也沒關係》一書，的確拯救了瀕臨自殺邊緣的我。也許，讀者這樣的話也會讓馬奇（Nicolas Marquis）感到很訝異！在《路易！一步一步向前走》該書的作者法蘭西．培安（Francis Perrin）說：路易的小學老師拒絕了解像路易這樣的自閉症小孩，還辯道：「我不是一個偷窺狂。」這話實在令人厭惡。但是，你無法改變「一般人」，因為他們不可能改變。因此，為了要改善「大腦多向思考者」與「一般人」的人際關係，必須了解到「一般人」就是這個樣子，無法改變。需要用「一般人」待人的方式，與他們交往。

在《想太多也沒關係》一書中，我曾諮詢過一些「混」（miXes）夫婦（指當中有一位為「大腦多向思考者」，另一位為「一般思考者」）。在諮詢的過程中，我會想了解在什麼樣的情況下，「大腦多向思考者」會受到「一般思考者」的惡待；或是「一般思考者」與「大腦多向思考者」相處時，「一般思考者」會承受哪些痛苦。由於「大腦多向思考者」會不斷地自我要求，自我貶低，甚至達到讓別人精疲力盡的程度。而「大腦多向思考者」卻認為他（她）的另一半應該要知道、應該要明白、應該會發現到、應該會猜得到、應該要學習、應該要多運動、應該會成為……、應該對……有興趣……等。還有，「大腦多向思考者」認為自己的另一半沒有給予自己足夠的愛意、關注、情感……，但你一切的要求，對於一個「一般思考者」伴侶來說，實在是太多了，太不切實際也太難以理解。你無止盡的要求，會讓他們感到非常疲累。因為「一般思考者」追求穩定、平和、恬靜、安詳的愛情。但像你如此聰穎的人，對於另一半只給予簡單的讚美，感覺一點都不夠。

因此，我現在更加明白你們兩者相處的機制。事實上，我還真佩服那些「一般思考者」伴侶的耐心與愛心！

在其他的狀況下，「大腦多向思考者」也會惡意對待「一般思考者」。皮爾就承認自己曾給過收銀員和搬運工難看的臉色，對他們冷言相向。其實在職場也是如此，「大腦多向思考者」會直接地羞辱「一般思考者」的同事。那是因為你們划船實在划得太快、太有力……對！我們都知道這點。但你會不留情面羞辱那些平庸的人。你僭越了「一般人」人際關係的基本原則：永遠不要讓別人丟臉。但是，你就是不停地犯錯。

讓我來解釋一下「大腦多向思考者」的想法行為。假如有一天，你的手指正放在果醬罐中，當場有人把你當現行犯逮住了。此時，「大腦多向思考者」會承擔自己的錯誤，冷靜地承認：「對的，我差一點就吃到了，我願意接受處罰，我會彌補我的行為過失。」但如果相同的情形發生在「一般思考者」的身上：當他當場被逮住時，不但不會承認自己的過錯，還會為了保住「面子」而假裝驚訝的樣子。然後你聽聽，他的道歉似乎有點模稜兩可：「哦，有一罐果醬喔？我沒有看到啊！難怪我的手指會這麼黏！」對於「一般思考者」而言，這事就畫下句點。沒錯，他被逮住了，但也沒有人會上當相信他的說詞，只是大家會為了讓他有臺階下，就隨他說去。人們只希望這件事不要再發生，而且當事者已經受到羞辱，這樣的懲罰就夠了。但「大腦多向思考者」卻不同意「一般思考者」這樣的作法，你們認為這位偷吃果醬的「一般思考者」沒有承擔自己的錯誤行為，他應該要坦承自己的過錯！但是如果事情都如你所願，對一般人來說實在是太沉重了！

當然，「一般思考者」不可能不知道自己的手指就清清楚楚地放在果醬罐中，何況他還得打開蓋子才能放進去！我向我的諮詢者菲利普解釋了以上的機制。因為菲利普與他的同事有很大的摩擦。我對他說道：「你的態度實在太屈辱人了！你就像把你同事的褲子脫光。而且你還在大眾面前做這件事，這更惡化了整個情況！」菲利普目瞪口呆看著我說：「這正是昨天我同事告訴我的話！」還好，世界上還是有許多好人存在，他們願意幫忙你，避免別人憎恨你。就讓那些可憐的「一般人」用他們的方式保留他們的面子吧！最後，要和「一般人」處得來，千萬不要談論那些過於個人、深入、私密或複雜性的話題。也不要試著去動搖他們對於事件的肯定度。因為，這一切都是沒用的。一旦你這樣做，他們產生的反應，只會讓你自己和他們心裡受傷。

愛美莉寫信給我，說道：「剛剛我提到個人的缺點，就是看輕別人，自恃傲物。因此，我只跟那些務實認真的人玩在一起（這與他們的教育水準無關）。我不跟不聰明的人做朋友，我覺得沒有必要把時間浪費在這些人的身上，我發現他們永遠都不明白我說的話（相信我，我試過好幾次！）。我認為這些人好像身上缺少某種『重要的東西』，使得他們無法敏銳的觀察這世界，也缺乏反思的能力去分析周遭的人事物。」

如果當我在寫《想太多也沒關係》的時候，我那時會認為愛美莉以上所寫的都屬於百分之百正確的。但今日，我會說以上所述，有部分的錯誤。因為人們能夠聚在一起，其實就是一件好事；大家就只是為了能得到在一起的樂趣而已。而那些「殺時間的閒聊」可以讓人放輕鬆，舒緩每個人的心情。

誤信一匹披著羊皮的狼

在前文，我們已經讀過蓮恩・哈德威利的故事了：「大腦多向思考者」的確是「心理操縱者」完美的獵物。沒錯，「心理操縱者」越軌的行為的確會讓你大吃一驚。但由於你大腦執行功能無法正常運作，因此你無法面對突發或異常的狀況。尤其在事件之後所形成的壓力，你更是無法妥善處理。你大腦的編程，如同發生了障礙。你會盡其所能地與對方建立連結關係，甚至願意接受別人的統御。再加上你太在乎對方說的話，你就像是一隻被抓住耳朵的兔子，你堅信對方所說的任何含糊空洞的話語。以上我所敘述的狀況，應該是在你閱讀本書之前，可能會發生的事，對不對？現在，你要盡其所能，不要再讓「心理操縱者」有機會能夠控制你。

首先，我們必須學會如何辨識「心理操縱者」的行為。如此一來，你可以預測「心理操縱者」的行為模式，也知道要如何反制他們。

第一，你必須承認在這世界上，的確存在著心懷惡意的人與算計者。儘管你們倆初識時他會口口聲聲說愛你。之後，「心理操縱者」開始一步一步玩弄權力遊戲。你是無法狠下心與他們對抗的。為了擺脫他們，只能逃得越遠越好！現在你所能做的就是建立自信心，勇敢面對衝突。一旦你面對「心理操縱者」，當下你也就看到了現實世界黑暗的一面。

關於這些「心理操縱者」的問題，我不得不說：「我實在有夠累。」這些「心理操縱者」會將你我之間的距離越拉越大。「大腦多向思考者」可能一次只面對二、三個「心理操縱者」，雖然你看出有這群人的存在，但在互動的過程中，你沒有退一步觀察對方惡劣的舉動。二十年多年來，我透過面談那些「心理操縱者」的受害者，可能一次處理多達五十多個「心理操縱者」，一個比一個壞，而且越來越多！幸運的是，並非是我親身經歷，只有當我透過諮詢面談時，才了解到這些人有多惡劣。相信我！當你遇到這種人時，只會帶給你壓力與痛苦。

這些年來。透過受害者的陳述，我不再懷疑「心理操縱者」玩世不恭、愚蠢惡劣和殘忍凶狠的作為（當然也有女性的「心理操縱者」！）。我對他們不再懷有任何期待，因為他們一點都不值得同情。「心理操縱者」不會感到痛苦，根本不需要聽他們抱怨，因為他們很清楚知道自己的作為在傷害他人，即使你不相信。而且他們還經常很驕傲地對我描述那些卑鄙下流的行為，因為他們很自豪！我實在不能忍受這個邪惡的混蛋，還有那些不了解狀況的「一般思考者」也是共謀者，把「大腦多向思考者」你拖下水。

拜託！請你醒一醒！睜開你的眼睛，看清楚這個世界。你們天使般善良與單純，常常激怒了我，就像愛美莉一樣。有時，我看著我的諮詢者離開辦公室，他們再度回到「心理操縱者」的手中，你們只是把我當作一個傾訴的對象。因此，我對那些可惡的「心理操縱者」更加憤恨。我試著讓你們睜開雙眼看清事實，但是你們就像愛美莉一樣天真單純。也由於「大腦多向思考者」這樣的態度，不得不讓我舉白旗投降。因為你們過於真誠，所以你們無法保護自己。沒錯，我非常同意你的觀點，在這一點上，你實在是一點都不聰明！但如果這件事只與你有關，我會想：「我已經告訴你那麼多了。之後，如果你還堅信這隻狼是一隻羊的話，我還是很肯定那些狼就是狼。我數了數，有太多隻狼等著我去處理……。」你的態度否定「心理操縱者」在玩操縱他人的把戲。這也正是受害者更處於不利的狀況下。假如，那些不知情而共謀的「一般思考者」不明白「心理操縱者」的詭計，那又是另外一回事，但對你也實在是夠慘；但是，如果「一般思考者」有足夠智力的話，應該是可以了解整個情況，但是還是有很多「一般思考者」會當作什麼都沒看見，繼續做一隻鴕鳥。那他就是「心理操縱者」的幫凶，我實在不能原諒。

你可能會發現一件事：就是有時我說話的態度非常直接，尤其在諮詢時，明明是顯而易見的事實，但你還是不承認，我只好給你當頭棒喝。我對我的態度感到抱歉，我也承認，我應該有更多的耐心，與「大腦多向思考者」溝通。如果你想更加了解那些「心理操縱者」及受害者，你可以參考其他三本我所寫的書。從現在開始，我不會再多寫任何一行字，來說服你了。

讓人生變得更平順的溝通守則

一旦你擺脫「心理操縱者」的操縱，也更加了解「一般人」思考運作的模式後，你對人際關係的處理將會漸入佳境。現在我建議你學習一種多階段的溝通對話：試著學習傾聽對方、學會說「不」與處理衝突等。神經語言學是我最喜歡用在人際溝通上的工具，即使這學科也存在著某些問題。但人際溝通實在是一件令人興奮又充滿活力的學習挑戰。儘管有些人不願意喪失他們原有的自發行為與想法，但自發性地脫口而出，的確是一種不加思索的舉動。你可能會以為學習某些溝通原則後，就會喪失了你原有的自發性，但其實不然。學會溝通原則之後，你將展現你個人的原貌，你的冷靜與智慧。當你有意識地與人交流時，你會填補之前你欠缺的能力：那就是對話內容的客觀性與前後連貫性。同時，你也可以保護自己。因為當我們頭腦越來越清晰時，便知道自己要在這段關係上投注多少精力，你越會減少自己無意識的自發行為。這樣一來，人際溝通便可以滿足自己的需求，也更可以確認自己的信念。

當你遵循以下的溝通原則時，你將活得更輕鬆自在：

「沒有目標的溝通，就如同你旅行沒有目的地一樣。」吉妮・拉伯如是說。

當你的目標越明確，彼此的溝通越容易。當我們缺乏目標時，我們就不能抱怨自己沒有達成目標。尤其當你想解決一些重要的問題時，你必須花點時間準備談話的內容，即使私人的會面。請事先準備你預想到的討論內容。

與人溝通時，可能會碰撞對方的價值觀。

試著學會排解對方的能量，而不是將自己的想法強加在對方身上。經常「大腦多向思考者」會將自己的標準套用在對方身上。因此，學會去適應對方，與人保持距離。一開始，與對方交往請不要太在乎對等關係或太過熱情，正由於你對待彼此過於平等，而因此造成雙方在認知上有所差異。這樣，反而會讓對方感到非常不自在。坦率地面對你的對話者，但不要有過多的熱情！

馬塞・巴紐[30]（Marcel Pagnol）：「**一個一直談論自己的人，就是一個自以為是的人。一個不停地講別人事的人，就是一個八卦的人。但如果你遇到一個只談論你的人，那他實在是一個很會說話的人！**」

多聽少說，讓對方有機會展現自己迷人的風采、有趣的一面。那麼總有一天，他們將會真正成為幽默有趣的人。

能夠認真地傾聽對方的話語，這表現是很好；但如果你能確切地回答對方的問題，那

30馬塞・巴紐（1895－1974），為法國劇作家、小說家、電影導演。

更好。

不要回覆對方以自我為中心的問題。但是，你需要認真思考為何他會提出有關於個人的問題。這一定與其他事情相關。假如在一場工作面談中，面試者問你：「你有孩子嗎？」你應該回答：「他們都長大了，所有我比較有空。」還是：「有的，三個孩子。他們讓我學會了如何優先處理事情的順序，還有如何調解衝突。」此外，請試著用簡短的句子，回答對方。有些時候，不一定要回答對方的問題。

明白表達你的需求。

很少有人能夠說出自己具體且明確的需求。大部分的人都喜歡繞著圈子說話，或是用影射或暗示的方式表達。假如「大腦多向思考者」遇到對方在談話中，好像暗喻某些事情時，這種情況會使「大腦多向思考者」的思緒更加混亂，因為你不知道要如何表達。此時，你應請對方說得更清楚些。還有，有些「大腦多向思考者」會抱怨有的人會使用肢體語言，表達個人的想法。這可讓他們更頭痛，因為「大腦多向思考者」一點都看不懂肢體語言所傳達的意義，也無法猜測出對方未說出口的想法。舉例說明，有人對你說：「你從來都沒送過我花！」這句話對「大腦多向思考者」而言，實在是丈二金剛，摸不著頭緒。

那麼，你覺得這句話應該怎麼表達呢？與其猜測對方的想法，還不如清楚地說出你的需要與期待。在話說出口之前，你先得釐清以下這些問題：對方想要什麼？對方期望我做什麼？而我能為對方做些什麼？明確的事物是有邊界的，是可以劃分清楚的。因為不可能有一個上司會對你這樣說：「我要你做一個誇大其辭的報告。就是幫我設計一個職位，可以讓我安插一個人進來，但工作內容一點都不重要。還有，你得全權負責這位新進人員的工作。」

要能在六小時之內，和當事人直接解決你們之間的誤會，記得口氣要和緩，不帶指責對方的用語。

（不要用「你」[31]，這可會大大破壞你們之間的關係！為什麼要六個小時呢？因為在六個小時當中，你與對方的問題，仍然只是個誤會。給自己六個小時，也會讓自己有時間反省與反應。如果你馬上回應，你的反應會過熱。但這誤會也不要積存過久，會變成怨恨。在與對方說明的時候，只需說出你的感受，對事不對人。同時，也要避免有第三者的

31 法語有「你」（tu）與「您」（vous）的用法。由於在公共場合中，以「您」互稱對方，以表達禮貌以及距離感。如果隨意用「你」稱呼對方，會有冒犯之意。

介入，他們只會提油救火而已。

落實對等交流：你的付出，永遠不要超過你所得到。

當然，我把最好的文字（這是我最愛的一句話！）留在本章的最後一段。

「只說一次抱歉（而且只原諒對方一次）」，不再接受不對等的人際關係。

當你道歉或原諒對方時，請落實該規則。因為一旦你道歉了，對方便沒有機會將整個狀況再重述一次。或者你也可以簡單地回對方說：「我已經道過歉了，你還想要怎樣？」同時，對同一個人，你只原諒一次。要讓這個人知道你不可能再給他第二次機會了。因此，他才知道他不能重犯。到今日為止，你已經給太多人太多機會了。只有那些不尊重你的人，才會讓你一再地失望。也許你聽過這句話：「如果你的朋友背叛你一次，那是他的錯。那他如果背叛你兩次，就是你的錯。」

其實，我更喜歡這句話，因為更直接明白：「你給出賣你的人第二次機會，就像你第二次丟球給那個剛剛漏接的人。」

當你個人發展自己的一致性時，正是在加強你的自信心，同時漸漸接受人性的現實面。藉由實踐這些溝通規則，會讓你的人際關係變得更簡單自在些。下一個階段，我們要幫你找尋你的靈魂伴侶。那些與你擁有相同思考模式的人，將會百分百地接受你，他（她）就是靈魂的伴侶。當你們在一起時，一切都會變得那麼地簡單、容易。

3 戀愛生活：就連談戀愛也屢次失敗的原因

好想談戀愛

帶個人來，給我鑑識一下。告訴我他的工作態度，還有他親吻的方式，我會告訴你：他是不是個值得交往的人。

弗蘭克・法瑞利[32]（Franck Farrelly）

如同弗蘭克・法瑞利在《挑釁性的治療》一書所言：愛情和工作是人類的生命圓滿的兩大支柱。如果有一個人在愛情和工作這兩方面都很順遂的話，那麼這個人會滿意自己的生活，身心得到平衡，並感到很幸福。但如果其中有一項不順遂的話，那麼這個人的生活將會陷入不平衡當中，缺乏安定。但假如有個人缺乏愛情，也沒有工作的話，那麼他便失

32美國精神病理學家，為挑釁性的治療方法的開創者，為《挑釁性的治療》一書的作者，2009年，生物出版社。

去了所有快樂幸福的來源，將自己置於危險當中。這就是為什麼本書會專注在這兩個方面上，向「大腦多向思考者」說明如何獲得幸福快樂的泉源並走向成長。再一次，我們要以實際的角度，來認識自己，了解自己的價值，並且知道自己要什麼，適時地運用在人際關係的經營上。

史帝芬．普斯菲爾德（Steven Pressfield），在《成為實踐家》（Turning Pro）一書中指出，我們的生命力不僅在工作上展現專業的態度，在日常生活中，也應當表現出專業的熱情。

當我們在生活中表現得像個業餘人士的話，我們會做出逃避現實的行為，例如：娛樂行為（如電視、逛街、上網等……）或是上癮行為（如吸煙、酗酒、嗜吃甜食等等……），這些行為讓我們的思想渙散，而忽略時間一直不停流逝。一方面，我們的軀體活著，但另一方面，我們大腦瀰漫著煙霧掩蓋著憂心的事，讓我們的心緒變得混亂。即使表面看來一切都很好。但其實，我們被這樣的影子生活所困住，如同過著鬼魅般的生活。因為這不是我們真正現實的生活，因此我們會感到悲傷。

絕對是這種影子生活讓你有一種虛假的感覺。同時你不知不覺中，經常表現多刺的行為與不滿的態度。由於你這種業餘的生活方式，更阻礙了你事業的發展，還有愛情。因此，為了讓生命圓滿，你需要在兩個支柱中尋找平衡，做出必要的調整。我誠摯地希望你可以成為愛情與工作上的專業人士。

為什麼總是遇見水準較低的人呢？

在你們的來信中，如果夫妻二位都是「大腦多向思考者」的話，經常尋問我如何建立一個成功的家庭及擁有幸福的婚姻。

要回答以上的問題，答案實在是很廣泛，而且也是一個巨大的挑戰！因為我們需要重新組織、架構你現有的一切。如果你是一個在感情路上遭遇過多次失敗的人，那就表示你是一個業餘的愛情人士。你讓自己隨波逐流，就好比一艘船在情感的海洋中，毫無方向，缺乏一位舵手。更慘的是，你相信愛情是自然碰撞而產生的，如同一團自燃的火苗，而這把火肯定不是你點燃的。因為這樣的火源，一點都不能讓你家中的壁爐溫暖、幸福。我要求你必須對你自己的感情生活承擔更多責任。你以為無論何時何地，都可以點燃真正的愛情之火，例如石壁上、山洞中，愛情並非一定要掌握在手中。彷彿在業餘愛情人士的眼中，彼此的誓言就是所謂的真實。然而，擁有一段平衡且滿意的愛情關係，它的前提是必須先了解自己想要什麼，自身的堅持又是什麼。
再一次，由於「大腦多向思考者」個人嚴重地缺乏自尊，因此會扭曲你的愛情關係，無法形成對等的狀態：

過於常人的感激之情。
只要有人稍微對你表示一下好感或善意的時候，你馬上就會泉湧以報，感激涕零。也就是說，你的友情就是一張空白支票、或一張友情金卡，讓對方無限地提領。請你回到一個計算的基礎上，衡量你與對方的關係，以對等為交流的原則。沒錯，對你而言，有個人打電話給你，可能會改變你的生命；但對她而言，就只是一通電話而已……。
由於你個人的自信心過於低落，再加上你對別人常滿懷著感謝之情，多到都溢出來了，也因此你經常處於一段危險的愛情關係中。瞬間，天雷勾動地火，與對方產生愛的火花。但這些人就只是對你表達一點善意，對你給予肯定的態度而已。其實，你這個人要求也實在不多……因此，那些「心理操縱者」發現到你的弱點，藉此趁虛而入控制你。

其實有些人真的不夠好，實在一點都不適合你。

但由於你缺乏自信心，選擇戀愛對象，你的要求真的很低。這也就是說，你會愛上一個不太黏你的人，由於當下一時衝昏頭無法判斷，就這麼放感情下去了，而「心理操縱者」也清楚得很。而當我說你擇偶的標準過低時，你會大聲地說：「我是一個不願意評斷對方的人」。但是你這種想法是錯誤的。事實是，當你看到「覺得」很優秀的人，卻不敢靠近。但正是那些人才與你的水準相當，能成為你的伴侶。但你認為他（她）太棒了，棒到會閃瞎你的眼睛，因此你卻步了，在這些很棒的人面前，你會很害羞，整個人都呆愣愣的，說話也開始結巴。因為你從不敢想像這些人會對你感興趣，或認為你是一個可愛的人。此外，那些「很棒的人」看來都非常獨立，這會使你毫無安全感。你會自問要如何跟一個不需要安全感的人在一起呢？還有，你也認為這些人優秀到自己不敢靠近；在此同時，你也會遇到一些比你差的人。因此，為了加強個人的自信心，你會選擇比你差的人。因為你想：之後的關係應該會「船到橋頭自然直」。但當你跟比你差的人交往的時候，你也常思考那些「很棒的人」，他們的另一半應該會具有那些條件呢？是什麼樣的人才能配上他（她）呢？總之，我想對你說的是：請你放過那些鴨子吧！找一隻與你匹配的天鵝。

你想成為一個真正的情人，還是成為你伴侶的精神醫師？

由於你想表現出你的優點，也想證明自己的愛，因此，你什麼都可以接受。但是，你所選擇的伴侶，他們都是處於需要「修補」的狀態。也正因為如此，這些人需要你。你以為他（她）應該很感激你，因為你一直在他（她）的身邊照顧他（她），滿足他（她）的需要。因此想當然爾，他（她）應該不會離開你，也不會拒絕你。所以，你就一直給、一直給、一直給。而且你自己也認為你的「一直給」是很合理的情形，因此也不期望對方有所回饋。再加上這些比你差的伴侶，他們自己的問題、病況，對你的大腦來說，實在是一大挑戰。因此你會不斷地思考如何幫助他（她）。你的大腦不僅會假設一些未來的狀況，還會很認真思考如何保護對方，將來可能採取的行動與策略。但其實，你們一開始的結合，就是一個很糟糕的起點：因為假如我們的另一半是個病人或有精神缺陷的話，無論如何，我們都是無法保護他（她）的。我有一個同業，很激動地對她的諮詢者說：「如果你對你的伴侶只有憐憫之情的話，那麼請離開吧！」我相信這句話對你是一大衝擊。然而，這也是千真萬確的，這樣對彼此都好。事實上，如果一個人有成千上萬的問題時，他（她）是沒有能力與任何人建立關係的。此外，你大腦自以為的挑戰，也是你錯誤輸入的資訊。想像一下，假如你的另一半是間小套房，你不可能將一間小套房整修成一座宮殿的。換個角度說，你其實也不是這間小套房的屋主，你更不可能在這房子裡大肆地開工整修！如果你經常抱怨你可憐的另一半，常處於憂鬱低潮中，那麼你們的關係一開始就是個錯誤。想想：在道德倫理上，即使病人病入膏肓，精神科護士也不能和他（她）的病人一起生活，甚至結婚啊！但是，你正這樣做。

你可能會說：「沒關係！」這又是你的另一個錯誤：你不斷地對自己說謊。

你總認為自己不值得人愛，所謂的「情人（或伴侶）」一詞，用在你的身上，根本就是名實不副。你心甘情願地接受，也願意滿足任何一種關係，甚至是一段惡劣或毀滅性的關係。即使當下所有的警示燈都亮起來了，四面八方都是煙霧，警報器也開始大鳴大響，你就是可以忽略這些事實，躲在自己的幻想中，逃避現實。這也是你擁有太多想像力的缺點。但這些警示的現象可都是很有關係，很嚴重！每個人都獲得一段愛與尊重的伴侶關係，沒有任何人應該得到不平等的對待。因此，我們看到了你缺乏自信的另一個後果：你給予的，永遠超過你接收的。你根本不懂什麼叫做「接受」，因此也不會要求對方。你對待他人時，你都感覺到這些人好像都非常優秀，即使事實並非如此。因此，根據你個人的原則，你可以信任對方；但一旦你產生懷疑時，請拒絕對方……，不要傻傻地簽給每個人感情的空白支票！你想要擁有成功的愛情生活，那麼首要條件就是恢復你的自信。

如果不幸福的話，就不能算是愛情

為了讓自己擁有一段滿意的愛情關係，以下我們將說明如何調整自己，讓自己成為生活中真正的贏家。首先，我們必須重新審視你個人的價值信仰體系並且明確地定義你個人對於擇偶的標準：客觀性和專業性。對了，我還沒有忘記對你說，那些「游泳的老鼠」與人類，最大的區別是在於：當水管的底端，如果沒有擺放起司的話，老鼠是不會跳下水，游泳到水管的另一端。但人類會，他會持續尋找。但我想問的問題是為什麼人要在沒有愛情的地方，尋找愛情呢？這段關係，在未來，你的伴侶可能會經常懷疑你、忽略你或甚至利用你。請你停止這段關係，別再繼續等待愛情！有時，你突然會有個直覺提醒你，說你的伴侶對你不忠或是做過一些不誠實、低劣的行為。你可能甚至知道他（她）有另一個樣貌，也是你期待與他（她）分享的方式。那麼，為什麼你不能直接地向他（她）問清楚？你害怕得罪他（她）？他（她）為什麼不與你分享他（她）的另一個世界？但其實這些問題的產生沒有其他的原因，更不會是你個人的問題。因為，在這世上就是有些人，不值得你與他們交往。我沒有想讓愛美莉生氣，但我必須說：心理操縱者根本不需要愛情。他們只需要有一個可以傾洩仇恨的對象。因此，你必須學會大膽地去評斷他人，自己決定哪些人值得擁有你的愛，而哪些人必須拒於千里之外。

「愛」不會讓你受苦

透過一項重要的指標，你可以馬上識別你的愛情關係是否良好，那就是你自己是否感覺很好、很舒服。別忘了，請在你房間的牆上，貼上幾個大字：「愛」不會讓你受苦。一段依賴的關係，才會讓你痛苦。真誠相愛的人，不會發生爭吵。真正相愛的兩個人，他們之間一切都會變得簡單、順利，相處自在。即使兩人世界引發戰火，雙方不會再火上加油，而是相互尊重、傾聽對方，並穩固加深彼此的愛。如果你是處在一段情感依賴的關係中，一切都會變得非常複雜，具有毀滅性。當人們陷入這種關係時，就好像兩個吸毒上癮的人，沉迷其中，恐懼失去對方與短暫合好的感受會不停地交互發生；同時，也期望自己能夠脫離這種的狀態。但如果雙方都是身心健康的人，便會溫柔地照顧彼此，就好像善良溫柔的心理護士，總會提前預防疾病的發生。因此，請你停止想要拯救他人、修補別人生命的幻想。只有你善待自己、修補自我，才能創造一段和諧的愛情關係。如果你的下一段關係，不是像在坐雲霄飛車忽高忽地的情緒起伏，也不像手指觸碰電源的危險感受，一切走來都非常地平穩、寧靜、清晰，那麼，請盡情享受吧！一切的傷心難過，終將離你而去。意味著你已經走出了一段毀滅性的情感依賴關係。因為，一段健康的情感關係，看似平淡無奇，但它將會啟動你的人生！

談愛情，也需要「許可證」

同時，你自己也必須學會定義一段健康、滿意的親密關係，學習彼此相互尊重。還有，你對這段關係的期待又是什麼？其實，一個人所作出的選擇，是直接地連結到我們的自尊，及是否尊重個人的價值觀。所以，什麼是你的價值觀？是尊重、幽默，還是智慧、善良、仁慈，或是有能力學習、分享、思考、開發？想想為何你要跟一個與你價值觀不合的人在一起，浪費自己的時間呢？在一段親密關係中，真誠坦率是極為重要的。你需要用這種價值觀重新審視自己與對方，因為你會經常發現自己在這價值觀中存在雙重矛盾。首先，人總是要求對方要有絕對的誠意說真話。但自己卻傾向相信自己希望聽到的謊言。第二個矛盾是自己會對自己說謊。舉例來說，自己會對自己說：我現在正處於一段正向的親密關係中，然而種種的跡象顯示，實情並非如此。「愛」絕對需要彼此的互相尊重，缺乏尊重，就是沒有愛。其實，當雙方開始出現問題時，通常是出在要求被愛的感覺勝過被尊重的感覺。然而，矛盾的是當我們不尊重一個人，我們是不可能愛他（她）的。你想想：當你用兩隻腳追著我跑時，還一直嚷嚷著說：「我喜歡你，我愛你。」我怎麼能夠對你有足夠的尊重，喜歡你呢？真相是，人會自己自動開啟誠信與尊重的機制。因此，請你對自己保證，在一段關係中，一定要保有最根本的價值：誠實與尊重。

那麼，要如何駕馭你的愛情生活呢？我們可以用「開飛機」這件事來比喻你的親密關係。假如一個駕駛員在飛機起飛之前沒有檢查飛機的機況、沒有使用檢核清單確認零件，也不測試一下飛機的性能或察看天氣，你認為這段關係會如何？假如這架飛機失事了，我想大家應該都不會感到意外吧！因此，想要擁有一段幸福的親密關係，得學會如何駕馭你的愛情飛機。以下就是成為專業愛情飛行員的駕訓課程：

對自己承諾。

自己對自己保證：將自己安全地送達目的地，除去不必要的危險。因為「愛」這件事，其實本身就已經有足夠的風險，即使在良好的情況下飛行！你會了解到一段關係的墜毀，絕對不是一件小事。你不僅會受傷、也會喪失自信心，心中留下難以抹滅的傷痕。因此，你必須盡可能地保證自己情感的安全，對自己負有完全的責任。

選擇一架漂亮的飛機，性能處於良好的狀態，你也做過徹底的行前檢查。

你要知道當一架破爛的直昇機不會變成七四七噴射機。常理下，我們是不會在航行中修理飛機，排除故障。因此，假如你在起飛前，就發現你的機艙有破洞，還繼續飛行，那就是你的錯了。因為你把自己置於危險之中，執意起飛。

飛行前，請加滿油箱。

當飛機起飛時，你的自信心油箱應該是滿載油料。誠心地祝福你，在你抵達目的地的同時，這油箱應該還是自信滿滿。當燃料有缺時，並不是靠你的另一半來填補你的自信，只有你自己才可填滿這油箱。如此一來你才能與另一半分享你滿滿的自尊、自愛與自信。沒錯，你的另一半是可以幫你添加油料，但首先，這油箱中需要你自己先加滿你的自尊、自愛與自信。但如果你的油箱內是空無一物時，不管別人再如何使勁地幫你，也是無能為力。

自己掌控主動權，操縱愛情飛機。

因此，你要不斷地監看儀錶、油箱及指示燈等，確認一切就緒。當你放鬆警戒、疏忽時，就好像你個人離開了駕駛艙，被迫坐在客艙中。可能你會選擇自動飛行駕駛模式，但你整臺飛機中的機組人員還是得繼續保持警戒。還有，當你在夜間飛行時，飛行員也不能休息，有任何一丁點的故障信號，你應當立即發現。

當飛機起飛後，機長便擁有完全的權力，以及要負完全的責任。

自始自終，機長必須作最好的決策，不惜代價，保證所有人的安全，並堅持自己的價值觀。儘管在飛行當中，會遇到惡劣的氣候或儀表板上出現紅燈閃爍的情況，無論如何你都應避免墜機事故的發生。而當你有需要繞行、更改路線或緊急降落時，你對當下的一切都必須感到自在，毫無壓力地處理緊急事件。當你覺得兩人的關係，有需要要暫停或還要再考慮看看時，也請你暫且降落或往回飛行。直到你認為兩人的關係有所進展，直到滿意為止，再繼續飛行。

在飛行當中，你也必須不斷地精準校正多種參數，例如：高度、速度、方向等。

飛行員須定期與塔臺聯繫，確認塔臺於飛行時所收到的訊息，也請塔臺提供最新的指示。控制塔臺就是你的內在。你需不時地與你的內在溝通，讓他了解你現在的情況。如果你誠實地對你的內心說道：「他這個禮拜，已經騙了我兩次。他說他很忙，所以沒空打給我。而且，當我跟他提到沒打電話這件事情時，他還變得更生氣。」我相信你內在的塔臺會回答你說：「確認收到，請注意飛行安全！」

為了讓飛行順利，你應該在飛機起飛前，仔細地進行安檢表格的確認。

安檢表格，就是當下現有事實的狀況。因此，我必須確認我的親密伴侶，能夠：

- 真正關心我的幸福。
- 不會想傷害我。
- 真正尊重我的感受。

最重要的是：

- 無論我們兩人之間發生什麼事情，我都能面對處理。

當你得到以上的安全認證後，你還需要理解：

- 對方也是人，所以不可能是完美的。

・透過對方的需要，我可以看出對方照顧我幸福的方式。
・對方的確會努力地做到最好。

戀愛就是我和另一半的「自我開發」過程

假如以上這些基本安全確認清單，都沒得到完全肯定的話，為何你還留在這段關係中？如果你還繼續留在這關係裡的話。那麼，你的問題就會變成：「為何我要用這樣的關係折磨自己呢？為了讓自己向上成長或更自在些，我還能做些什麼呢？」如果你的另一半願意與你一起進步的話，那麼他（她）將成為你個人成長計畫中的一部分。因此，你必須深入了解你內心的聲音，你才能解放自己。

不要讓你的內在小孩控制你的感情生活：這孩子將會複製你童年所遭受過每一種惡意的對待。此外，你也必須辨識另一半的內在小孩在期待什麼。但，請不要回應這些期待，你只需用言語表達你的想法：「你要我做飯給你吃，就是證明我對你的愛。但說實在的，我並不是很喜歡煮菜。我是可以三不五時做一頓好吃的讓你開心，但如果你要我每天準備三餐的話，我會感覺很痛苦。」

在兩人關係中，衝突是不可避免的。但其實，我們可以用相互尊重與個人的理智來處理這些狀況。如果對方的語調升高時，你就停下來不回應。而當你的怒火仍然高漲或情緒化時，也千萬不要窮追猛打你們剛剛爭吵的議題。

退一步，給自己一些喘息的空間，想想剛剛到底發生了什麼事？誰才是任性的一方？「心理操縱者」會無端地製造衝突。這樣的人可以激怒對方，把人逼到頂點，一直到你生氣、尖叫或大哭起來，他（她）才會停止製造事端。可是，當你停止這段爭吵對話時，發現自己開始發怒時，你才會發現對方的行為舉止。

你需要去了解爭吵的過程。如果你在安全檢核清單上已經確認過，你的伴侶在你們爭吵時還是保有一顆良善的心，不會傷害你，那麼，你對自己情感的爆衝，就有完全的責任。因為情緒是屬於你自己的，而現實情況則是中性的，是我們讓自己的情緒染上色彩。舉例說明，你眼前有個將近十公里長的大塞車，這是中性的現狀，它可不會生氣。所以，有的人選擇放音樂或聽收音機讓自己放鬆等待；有的人就是沒耐性，不停地按啦叭，希望可以讓車流加速。既然，情感是屬於我自己的，為什麼我要讓自己這樣子呢？此時，我內心有什麼聲音正在說話呢？記得那三道門嗎？將自我與假我分開的三道門。現在，你就得深入探索這三種情感：

害怕被排擠的感覺：當別人排擠我時，我的感覺是如何？

被誤解的悲傷：我想讓別人了解什麼？

無法成為自己的憤怒：為什麼我得否認我自己？

當你重新將自己的愛連結到另一個人的愛時，請想想並回答以下的問題：「當兩人爭吵時，希望能夠停止這戰爭時，我希望我的另一半能對我說些什麼，我才能感受他（她）他還是愛我的？」寫下你的答案。將這紙條拿給你的另一半看：「為了能夠馬上停止我們的爭吵，我希望你能對我說……，或做……。同時，你也可以告訴我，你希望我能做些什麼或說什麼，讓我們之間合好？」通常，在理想情況下而且沒有挖苦諷刺的文字下，兩人應該都會說出或做出對方所希望的行為來結束紛爭。通常在兩位都是「大腦多向思考者」的情侶中，這些表現都是透過心靈感應讓對方了解自己的想法。因此，從現在開始，告訴對方你自己到底發生了什麼事了？你內在的聲音又說了什麼了？對方將會理解你所做的道歉解釋。

如果我的朋友身處我現在的狀況？

要評斷你們兩人親密關係的品質，我們需要退一步觀察兩人的關係。假如你們當中有朋友或心理諮商師定期介入，評估兩人的關係也許可以提供很好的建議。特別是，假如這個介入者了解「大腦多向思考者」的話，將會更好，因為如果存在著情緒勒索或心理操縱制的氛圍，第三者可以感受得到。不然，你還可以有另一個辦法，就是讓自己退一步觀察自己所需的事物：你可以想像一下你最好的朋友跟你一樣正經歷著相同的事件。

你會給他（她）什麼建議呢？例如，安妮對我說：「我男友說他已經不再跟他前女友碰面了。可是昨天晚上，我突如其來地產生一股懷疑，就像是一種警告我的直覺。所以，今天早上凌晨三點，我就跑去他前女友家的樓下。結果：賓果！我男友的車，就停在她家附近。所以，我就留了一張紙條在他的擋風玻璃上，讓他知道我曉得他在這裡。今天早上八點左右，他打電話給我說，事情並非我想像的那個樣子。因為他的前女友企圖自殺，所以他整個晚上都待在那裡，寸步不離。我問安妮：「你相信他的話了？」她驚訝地看著我說：「對啊！」我是一個很棒的心理治療師，我便對安妮挑釁地說：「這也實在簡直太巧了！我也跟你一樣，遇到同樣的事。我的男朋友也是跟我說他已經不再跟他的前女友見面了。跟你一樣，我就覺得怪怪的，想要確認一下。唉！凌晨兩點，他的車就停在他前女友家的樓下。也跟你一樣，我男友對我說，他前女友企圖自殺，所以不能留她一個人！」這時，安妮皺著眉道：「你說得對喔！這樣好像兜不太攏！」

所以，現在換你回想自己曾經歷過的事情。你身邊的好友們，有沒有人說過類似以上的話呢？

當你有了足夠的自信，也學習到如何客觀地觀察周遭事物後，請你在生活當中保有警醒覺知的能力（並且要足夠敏銳觀察出誰是心理操縱者！）。如此一來，幸福的親密關係，近在咫尺。

我有許多非常正面的「大腦多向思考者」（兩者都是）夫婦的故事：他們的生活就好像是許多美麗的愛情故事。我們可以說，這兩個人就像是飄在天空中幸福的氣球，飛向美好的未來。這正是我希望現在的你，有一天也能夠擁有一段幸福美麗的感情生活。

感情生活，是你穩固生命的第一個支柱。現在，讓我們一起來看看你另一個支柱：你的職志生涯。

4 人生策略：在夢想人生中成為最棒的自己

你的職志與人生使命

你希望能住在一個更美好、更相互尊重，且更公平正義的世界中？好的。由你做起：有誰能阻止你做這件事呢？自己以身作則，帶動你身邊的人，集結有志之士，大家一起團結力量。從小地方做起，其正面的效果將會無止盡地擴展延伸開來。

榮格[33]（Carl Gustav Jung）

我們心中是否存在著「愛」，表現在我們的日常生活中，就像是我們決定作一位專業人士，還是當個兼差的業餘者。從一個人處理家事、打掃房間或買菜購物中的行為，就可以看出他是否把這些當一回事，他（她）是屬於理性有效率的人？還是只是隨便交差了

33 瑞士心理學家、精神科醫師，分析心理學的創始者（1875－1961年）

事？如果這個人的家裡一團亂的話，可想而知他（她）對於工作的態度，將會表現像是個業餘人士。但不幸的是，這正是許多「大腦多向思考者」自身的情況。你們簡直就是浪費了自己天才的大腦！因為有的「大腦多向思考者」還在就學時，課業表現就是一團糟。假如有些「大腦多向思考者」在學業表現還不錯的話，他（她）的內心深處會一直認為自己實在不配得到這個文憑。到成年之後，有的「大腦多向思考者」在職業的選擇上，會順從內心「假我」的決定，再加上（或）好友家人的意見。因此，很少有「大腦多向思考者」會從事一個他（她）自己所愛好，且抱有大量熱情的職業。因此，工作職場對於大部分的「大腦多向思考者」來說，實在是一片荒蕪空虛又莫可奈何的沙漠。

工作職場這件事，如同你們在生活上其他的領域，由於你們過度缺乏自信心，因此你會從事比你能力低的工作。然而這些工作對於一個思維複雜的人來說，會顯得過於呆板，缺乏挑戰力。舉例來說，一個工作職位你大約需要兩年左右的時間，就會覺得手上的工作內容大概完全摸熟了，再也沒有新的事物可以學習。那麼，這情況便說明你當初訂的目標實在太低了。再加上你個人拒絕加入權力遊戲當中，更拒絕與他人競爭。可想而知，你的價值觀與大部分企業的價值觀有相當的南轅北轍。因此，你所從事的職業帶給你相當低的成就感。現在，正是你以一個專業的態度，面對你職業生涯的時候。你需要為你的職業生涯增添色彩，提高熱情與工作興趣。所謂的專業態度，並不是指你要做的比現在多，或是增加當今企業需要的工作職能。而是指你要用真正專業的態度面對你的職涯，用心傾聽你的內心與靈魂對你所說的話。

尋找百分百的自己

勒維齊（Christine Lewicki）所著的《覺醒！》（Wake Up！）一書當中說明人的能力，可區分為四大部分：

你無力所及的範圍：有些事，是你個人無力所及的範圍，那些你不知道，也不會做的事，其他人就是會做得比你好，你也不用自責，只要將這些工作交給那些人就好。若你在公司企業中，就將這部分授權他人執行。

你能力所及的範圍：你發現到：你能而且會做的事，別人也可以做，而且做得還跟你一樣好。那麼，在這工作範圍內，你的工作與你同事們是可以交互替換的。因此，你擁有這樣的能力既不突出，也不特別。

你個人卓越的範圍：

人會在某個領域上花費眾多的時間與精力，致力其中，期望自己能擁有優秀的表現。通常也正是這樣的領域，個人可以獲得收入及成就感的來源。因此，這領域會成為我們的職業，假如不要把工作標準訂得過低的話，但這裡我們也會看到一個矛盾的說法：樂威齊所描述的「個人卓越的範圍」，以彼得博士的觀點及定義來看這個領域，有著我們無力所及的範圍。你記得彼得原理嗎？他說人們在獲得「成功」之處，上面會有一層玻璃天花板，讓我們無法繼續往上爬。因為我們認為自己已經達到了能力的極限，不可能再往前進。也因此，逐漸地人約在四十到五十歲左右，開始覺得人生無聊，有著窒息壓抑的感覺。如同普斯菲爾德（Steven Pressfield）所言，有些業餘人士的人生，他們是過著影子的生活。這樣的人，通常會有無法入睡的困擾，感到低潮或戴著假面具生活。他們甘願冒著極大風險來逃避眼前的痛苦，例如對某些事物成癮或有強迫行為等。

普斯菲爾德還說，發生在人身上最悲慘的事，莫過於是人活在暗影之中，卻擁有傲人的成就。成就儘管披著美麗燦爛的外衣，卻掩蓋住悲慘的事實：人不是活在自己真正想要的生活裡。

你天賦才能的範圍：

在現實生活中，有一個能發揮你的天賦的領域等著你，在那個地方你終於能夠成為百分百的自己，你是無法比擬、不可替代的存在。在你的天才領域，沒有人能取代你的位置。當你發現你從事這項活動，能夠不分晝夜投入其中，讓你的心與靈魂都歡樂高歌，深深地著迷其中，給您滿足的一天。這變成是您的天賦。

你天賦才能的範圍

當你活在真正屬於你的天賦才能領域中，你才算是真正開始過活。一旦你發現了自己的天賦才能之後，你將會擁有百分百的自己，找到你的立足之地，你無法替代且無人可比。因為創意這能力，是不能互相授受。創意的發揮是你個體的展現，內在的啟發。當你擁有天賦才能時，沒有任何人可以取代你，而且你會擁有越來越多取之不絕，用之不盡的靈感。只有你在行使個人天賦才能的時候，你才會碰觸到真正讓你震撼心弦，專注認真的事物。當你沉浸其中時，你一點都不會發現時間的流逝。當你面對真正屬於自己的天賦才能時，你會擁有熱情，抱著持之以恆的態度，因為你的內心（與靈魂）都開始唱歌。夜晚之際，當你進入夢鄉之時，你會非常滿意自己又度過了充實愉快的一天。

讓你的靈魂愉快地高歌

當你正在尋找你的天賦才能之際，你會發現到內心有個批判者的聲音不時在你耳朵出現。批判者大聲地斥責你，要你回頭：「喂！你到底知不知道自己有幾兩重啊？有沒有自知之明，自以為是誰？」所以，你又會回過頭來，不敢繼續往前邁進。那是因為你擔心往天賦才能這道路上，會發生許多未知的狀況。因此，恐懼和疑慮就處在舒適區與未知領域的交叉處等著你。再加上你個人如果再戴上了虛假的面具，你的恐懼感會加深，讓你更不敢往前走向未知的道路。也因此，你對自己說：我不可能是個有才華、會有所成就的人！

我建議你練習以下的方式，打開你個人的瓶頸，讓你的身體、頭腦、心靈與靈魂四者之間，可以平靜地展開建設性對話。

恐懼是來自於你的身體：你的身體需要一段時間來駕馭你的想法，才能將這些想法落實。從夢想到計畫，從計畫再落實到生活，這過程不是瞬間即可完成的。儘管你的大腦，想對未來跨出一大步。但請你給你的身體一段時間，讓它適應，讓它感覺到自己準備好，可以面對未知，跟隨大腦的思想。如果你執意執行你的夢想，而不尊重傾聽身體的聲音之時，你可能會有意外或疾病的發生。

對你的大腦而言，你會發現自己會有價值判斷與信念的局限性。因此，你要告訴自己，若你想批評自己的話，只能有建設性的批評。（別忘了，你可以參考《想太多也沒關係》一書中，有關於華特迪士尼的創意策略。）

所謂「信念的局限性」，可以分為三個層次：

可能 vs. 不可能：

我認為這件事我可能可以做到，或是我認為我不可能做到。這就是一種「信念的局限性」，但人比較容易可以將它打破。巴紐（Marcel Pagnol）說：「每個人都知道這件事是不可行的。但是有一天，來了一個傻瓜，他不知道這件事的不可能，所以他做到了。」因此，巴紐的話也成為了我的座右銘。當你要往前邁進之時，只需作一個不知道不可能的傻瓜。盡力做它，就對了。

能力所及 vs. 無能為力：

我想，我有這個能力可以做到；或者是我想，我就是無能為力。但其實無論你怎麼想，事情都可以達到你所想像的那個樣子。憑藉你複雜的思維，你的確有能力可學習任何事物。但在你學習該事物之前，請先檢視一下以下兩個先決條件：第一，你是否是真心的喜歡該事物？或只是這事物看來好像有用？第二，不要將簡單的事物變得過於複雜。說真的，沒有任何學科可以阻擋你複雜的大腦學習，你什麼都可以學。最後，請你放輕鬆學習：隨著生活的腳步，學習個人所需的事物。這樣做，你可以嗎？當然，我知道你一定可以做到！

你值得 vs. 你不值得：

我認為我值得擁有某事物，或者我覺得自己根本就不配擁有某事物。這是最難以察覺的「信念的局限性」的層次，而且個人難以改正。此時，請你重新再閱讀一次曼德拉的就職演說：「……才華洋溢、天賦異稟的我，將為這世界成就什麼？要盡情揮灑我們的才華，啟發芸芸眾生。」你們是做得到的！

再者，關於你的內心。當你意識到在現實生活中，無法實現自己真正想要的生活時，當下你的內心是充滿悲傷的。請趕緊安慰你的心！重新將你自己連結到你的直覺、衝動、欲望與本能上，繼續找尋你的夢想。傾聽你的內心，這是件相當重要的事。一位智者，他會質疑自己的觀點，但相信他的感受。

至於你的靈魂，它很清楚知道為何你會來到這個世界上。因此，讓你的靈魂自然地引導你，讓你了解自己的使命。你的靈魂不會像你故作矜持，你的靈魂想在這世上，留下它的足跡，想要分享訊息，為人服務，靈魂會付諸行動。你慷慨大方的靈魂，是如此地渴望分享它知道的訊息，但卻無法驅動你那渺小，幾乎不存在的自我。但，你的靈魂不放棄，它不時告訴你它的感受。沒錯，這就是你靈魂真正的責任。它因你不能採取行動而受苦，同時，也無法接受現有世界的狀態。你的靈魂想要改變世界，不想隨波逐流，它想走自己的路。你的靈魂才不在乎別人的眼光，早已準備好抵抗外在世俗的干擾。它一直專注在理想中的目標，非常努力。你的靈魂希望終有一天，你能與你人生的使命相互連結。

重尋你的夢想吧！

透過以下的元素，可以幫助你找到，或者可以說重新找回你的人生使命：

你需擁有謙虛與驕傲的態度。

也就是說，儘管你面對現在的生活相當艱辛，但你需要一步一步地了解自己。想像你現在生活的困難度有如一座冰山，但你每天一小匙一小匙地挖掘冰山，讓心中的計畫以自己的速度，慢慢展現出原貌。這如同滾雪球的道理相同，你會越滾越大，越挖越多。

擁有一顆清晰精確的頭腦。

你對事實的客觀想法，就是你的地圖。你的直覺就是你的指南針。當你巧妙地在三種疏離感之間遊走時，你便可以看出你的現狀。

請回到你孩童時期的夢想，萃取其中的精華。

長久以來，你的靈魂早已知道你來到這世界的目的。這目的從孩時夢想就隱隱顯現出來。如今我們長大成人，需回過頭去，解讀自己孩童時期曾接收到的訊息。舉例來說，當我在十歲的時候，我想成為一名作家。可是，我從來沒想到，要寫個人心理發展的書籍。

建立有目標的計畫，即使想包含各種可能性，方向及選項也要一致。

擁有複雜性思維的好處，在於思考時可以看見許多角度，也包含正面及負面思維。舉例來說，有許多我的諮詢者，他們之所以無法確認自己人生使命的原因，是由於在確立的過程中，「大腦多向思考者」同時產生了許多正面與負面的想法。

盧卡斯他擁有葡萄酒管理學的學位。但他不知道畢業後，要從事何種職業，感覺自己好像要被這混亂的思緒而撕裂開來。原因是一方面來說，他想繼續學習葡萄酒的成分分析，如此一來，他可以繼續研究創新，混合不同品種的葡萄，創建許多葡萄酒的種類，也可以更加深入了解葡萄酒的醒酒度。這些都是他最想做的事。但另一方面來說，他也可以成為一位品酒師或酒窖管理者[34]，可以與消費者一起分享他對葡萄酒的熱情，及給予他們品酒的建議。同時，他也很喜歡音樂，他跟朋友們組了一個樂團，經常與他們一起表演。

34所有葡萄酒在未裝瓶前，需放置於酒窖當中，等待熟成。酒窖管理者便是管理酒窖的溫溼度、酒的熟成度，或帶領顧客參觀了解酒的釀製過程等。

因此，我考慮到他對葡萄酒的熱情，建議他可以選擇在一個葡萄酒莊裡工作，最好是個高等級的酒莊。在酒莊中，他不僅可以分析葡萄酒的成分，而當他帶著顧客參觀莊園及品嘗葡萄酒時，也可以得到第一手的市場資訊，即時了解到客戶的需求。在這莊園中，假如有附設餐廳或民宿的話，那麼他就可以搖身一變，變為一位調酒師。也許週末或晚上的時候，莊園也可以舉辦品酒活動，外加音樂會呢！當下我對盧卡斯說完我的建議時，我看到他的眼睛正在發亮。因為他所有的愛好，都可以融入在一個計畫中了！

而傑米的狀況實在很差。沒錯，他有一個國際法學碩士的學位，現在在一個協會中專門處理監護權的問題。如今他的生活既單調又令人沮喪。也因此，我們兩人一起共同探討他人生未來的方向。說真的，國際法是他的熱情所在。但是，如果傑米的英文沒有達到某個層級的話，那麼他也是無法發揮個人所長。

因此，傑米需要到一個英語系的國家停留一段時間，加強英文。此外，傑米還得要有法務的實務經驗可以與他的學位相輔相成。但是，當他正想著那更高、更遠的未來時，他內心的批判者會捅他一刀說：「好小子，你要做出一個選擇！不能什麼都想做，不然你整個人就會像多頭馬車一樣，不知所從。」因此，我們一起將他所有想要的事物，都組織在一個和諧的計畫中。在不久之後，傑米即將前往加拿大，提高他個人的英文程度。同時，他也可以在那裡找到法務的工作。這樣一來，不僅他英文能力提高，也可以擁有國外工作經驗。在加拿大的同時，他也會申請一所大學，希望可以取得一個國際文憑，讓他的學經歷更完整。由於傑米複雜性的大腦，這件事讓他整個人低潮了好幾個月。但他現在終於可以將整件事看得更清楚了，也準備開始行動：對他而言，這挑戰是依他個人的狀況，量身訂做！此時，他的靈魂正開始歌唱。雖然此時傑米的人生使命，看來並不是很清晰。但去加拿大這個計畫，的確是個正確的方向。

跟著僅屬於你的節奏走

榮格（Carl Gustav Jung）認為，我們在這世上應完成的使命，會出現在我們生活中所做出的選擇。漸漸地，我們會了解到自己所做的決定，有其背後的原因與道理。換句話說，當年齡越長，我們會越明白自己為何選擇某個科系，或喜歡某類的文章、參加某項的活動、去某個地方旅行或與什麼樣的人交往等。因此，如果隱藏在抉擇背後的原因，是決定我們現在所選擇的生活方式，那麼這些隱藏的原因，都將會隨著時間與我們所選擇的未來，一點一滴地顯現出來。同時，在此揭示的過程中，我們也了解到個人存在的意義。

榮格在這大膽的假說當中，直接扭轉時間單向的想法，將時序的結果（個人決定生活的樣貌）置於原因之前。所以，即使你尚未看清或了解你的人生使命，請你傾聽你的靈魂、你的心所傳達給你的訊息，讓它們引導你。此外，熱情與耐力、行動與遠見是你所需具備的特質。將你對人生的不滿，轉為驅動未來的引擎吧！

當你連結到你的人生使命時，你推拖拉的個性，或經常心懷不滿的現象，都將神奇地消失。你會自然而然地主動去做。當然！也別忘了，懷疑、害怕和戴假面具的感覺，仍然會是你的同伴。人是無法輕易擺脫它們的！對普斯菲爾德（Steven Pressfield）而言，生命的專業者與業餘者之間唯一差別，就是業餘者會為了逃避「害怕」的感覺，將自己沉溺於休閒歡樂當中。但生命的專家會時時刻刻，每天正視「害怕」的感覺，不躲避，也不畏懼。當他們直視「害怕」與「疑慮」的同時，仍會奮勇向前。當我們每天早上起床之時，我們都必須再次決定今天之後我們希望擁有的生活樣貌。生命的業餘者，他相信自己所做的一切，一定會獲得回報；但生命的專業人士，則知道自己必須不斷地努力付出，直到生命的最後一刻為止。值得令人歡喜的一件事是，當一個人連結到自己的人生使命之時，其實這些努力都已經不再是件苦差事了。因為你每天所過的生活，將擁有不同的樂趣。

在你的職業生涯當中，可以將你人生的使命構建於其中。如此一來，在工作時，你不僅如魚得水，也會很滿意自己的生活狀態。然而，要擁有滿意的職場生涯，也需有以下的相關條件相互配合：首先，在職場中你所執行的任務是可以實現的，而且需要有特殊的技能。此外，對你而言，這任務是一項挑戰。再者，你能掌控自己，堅守自己的行動承諾，專心投注於當下所做的事。同時，也需為自己訂立明確的目標，而且該行為結果是一個可量測的數據資料。還有，你將會對時間的看法，有所不同；你會發現你的所長在你的工作範圍之內，可以發揮到淋漓盡致。

你們當中有許多人既害怕成功，也畏懼失敗。當然遭受失敗會減低自己的自信心，但請你們放心：自信心低落這種情況，只出現在你離人生使命越來越遠的時候才會發生。當你就是你自己，而且你正處於天賦才能的領域時，所有的事物都會水到渠成。關於面對成功，你的恐懼是：只有當你認為對自己的成功負有完全責任時，那麼成功這件事的確是令人畏懼，也足以令人癱瘓。如果有一個人大聲嚷嚷著說：這件事的成功，所有的功勞都歸功他一人的話，那麼之後，這個人也必須完全承擔隨之而來可能的失敗。過多的個人成功，確實會膨脹一個人的自我，將自己置於危險之中。因此，當我們慶祝成功之餘，需抱著謙虛的態度感謝有這樣的機運，能與自己的人生使命相互連結，並在行動中受到指引。

懷著對自然界的感激之情，與成功共存。

那你是想當一個人工作的SOHO族？還是到企業上班，成為公司的職員或是合夥人呢？想成為主管或是工作執行者？其實是你決定一切。總而言之，希望你能找到一個健康且人性化管理的企業，你能擁有自主權及擔負責任的職位。你的工作型態應該是屬於非典型的工作模式，不僅可以接受大量的訊息，也可以傳遞訊息。但無論如何，請你追求一個高目標的職位！還有，職場環境就像是一個非洲大草原，請小心身旁那些非常動物行為的人或心理操縱者。因為你過人的精力與專業能力，經常引來其他貪婪者的掠奪。因此，如果你能自由自在地工作，這是再好不過的選擇：你可以依照自己的節奏（其實就是說你做得實在太多、太快了！），執行自己的計畫內容，可以自由發揮你的創意，激盪大腦思考。透過創意，你的工作將呈現個人的風格、固守的價值觀。還有，複雜思維的人早已習慣同時間從事多項任務。但也請你不要忘記，工作的目的還是為了要賺錢。因此，靠著你超凡的技能，你有能力，也有權利過著舒適的生活！

此外，「大腦多向思考者」也可以具有領導者的特質。到目前為止，都是那些具有獸性，好駕馭他人的這群人擁有權力，管理眾人。但這樣的人自私殘酷，缺乏道德感，只為一己謀取私利，也缺乏團體的目標願景。因此，我們要相信自己是能夠真正影響他人，而非統御他人。當「大腦多向思考者」表現出感受到他人情感的同理心時，人們通常會認為這是一種懦弱的表現。然而，你是可以成為一位不會使人害怕，也不會讓人憎惡的偉大領袖。

因為，同理心與利他主義的領導，一定勝於強權統治的壓迫。這個世界的確需要有魅力型的道德主義領導者。當你清楚了解到現今人們所玩的遊戲規則時，你就不會再受限於該體制。就政治而言，我相信人類的真誠，終有一日將戰勝心懷不軌之人的狡詐詭計。透過網路資訊的快速傳播，那些壓迫者、詐騙者、詭計多端之人的虛假面具，將會越來越快被人拆穿，使他們原形畢露。而如果你就是一位善良單純的人，你根本不擔心有朝一日會被人拆穿。人性喪失之日就是當人類無法再互相幫助，彼此缺乏同理心之時。因此，「大腦多向思考者」才是最適合帶動整個群體，善與授權他人的領導者。因為你是個既尊重他人，又具工作效率的人。當有越來越多人相互連結時，其產生的能量也越強大，我們也會越加幸福。有研究指出，當人們感覺自己是生活在一個群體當中時，他們的壽命將會增長，而且身心更健康。而你就是一位固守道德主義者，你可以激勵人群，帶動大家構築團體型的合作計畫。

要擁有一個幸福的人生，需建立兩大支柱才能撐起成功的屋頂——情感與工作。我希望本章能帶給你動力，讓你繼續往前邁進你人生的道路，實現你個人的傳奇。

結語——現在，你也可以變得更幸福！

現在我們的大腦之旅，即將接近尾聲。如果你沒有東跳西翻地閱讀，而是徹頭徹尾的看完本書的話，我相信你已經完全獲得可以活得更自在的祕密了。現在，你可以給自己幾個月的時間，逐一地探索我寫給你們的誠摯邀請。

衷心的建議你們：

要仔細呵護你極其敏感脆弱的感官系統。

退一步，海闊天空。千萬不要過於在意他人的隻字片語，以及在乎每個事件的重要性。

找回你的自我，加強你的自信，填滿你的信心不倒翁。

尋回「你是誰」的遙遠記憶。

了解你大腦的神經系統。

你終於懂得與你同住在這地球的人，他們的思維模式。

尤其是：

畫。

你要建立一段健康的愛情關係，並擁有一個屬於自己的，可以熱情專注的人生使命計畫。

哎呀，我還忘了告訴你們許多事：例如，你們腦力強大的智慧、無限潛能的學習能力。對了，還有你們與那些大頭症的人談話內容，種種的一切一定讓你們感到非常不自在。另外，還有那些你們曾被迫測試的智力測驗，及被迫吞下的藥丸等……。

但我必須真心地對你們說：我實在很快樂與大家分享這些從未被談論過的內容。啊！那是因為之前我忘了：當你是一位「大腦多向思考者」時，會給自己帶來許多的問題。因此，我再次感謝你們，每一天都熱情地與我分享，你們生活當中所有精彩的對話內容。

讓我熱情擁抱你們！

參考文獻

Adda Arielle et Cartroux Hélène, L'Enfant doué, l'intelligence réconciliée, Éditions Odile Jacob, 2003.

André Christophe, Psychologie de la peur, Éditions Odile Jacob Poches, 2005.

Aron Elaine, Le Bourreau intérieur, Éditions Eyrolles, 2012.

Attwood Tony, Le Syndrome d'Asperger, Éditions de Boeck, 2009.

Austerman Bettina et Alfred R., Le Syndrome du jumeau perdu, Éditions le Souffle d'or, 2007.

Bourit Christian, Votre vie est un jeu quantique (préface de Marion Kaplan), Éditions Quintessence, 2014.

Burchard Brendon, Le Messager millionnaire, Éditions Un monde différent, 2011.

Casilli Antonio, Les Liaisons numériques : vers une nouvelle socialisation, Éditions du Seuil, 2010.

Chomski Noam, Le Langage et la Pensée, Petite bibliothèque Payot, 2012.

Dacquay Patrick, Paroles d'un grand-père chaman, Éditions Véga, 2014.

Dupagne Dominique, Dr, La Revanche du rameur, Michel Lafon, 2012.

Grandin Temple, Ma vie d'autiste, Odile Jacob Poche, 2001.

Haddon Mark, Le Bizarre Incident du chien pendant la nuit, Éditions Pocket, 2004.
Holliday Willey Liane, Vivre avec le syndrome d'Asperger, Éditions de Boeck, 2010.
Imbert Claude, Un seul être vous manque… auriez-vous eu un jumeau ?, Éditions Visualisation Hollistique, 2004.
Laborde Genie, Influencer avec intégrité, la programmation neuro-linguistique dans l'entreprise, InterÉditions, 1987.
Landman Patrick, Tristesse business : le scandale du DSM-5, Éditions Max Milo, 2013.
Lewicki Christine, J'arrête de râler, Éditions Eyrolles, 2011.
Lewicki Christine, Wake up !, Éditions Eyrolles, 2014.
Manné Joy et Hellinger Bert, Les Constellations familiales, Éditions Jouvence, 2013.
Morin Edgar, Introduction à la pensée complexe, Points Essais, 2014.
Perrin Gersende et Francis, Louis, pas à pas, Le Livre de Poche, 2013.
Peter L. J. et Hull R., Le Principe de Peter, Le Livre de Poche, 2011.
Pressfield Steven et Shawn Coyne, Turning Pro, 2012.
Révil Sophie, Le Cerveau d'Hugo, film documentaire, 2012.
Rosnay (de) Joël, Le Macroscope, Le Livre de Poche, 1975.

Rosnay (de) Joël, L'Homme symbiotique : regards sur le troisième millénaire, Éditions du Seuil, 1998.
Shepard Zoé, Absolument dé-bor-dée, Points, 2011.
Shepard Zoé, Ta carrière est fi-nie, Points, 2011.
Stutz Phil et Barry Michels, La Méthode Tools, Éditions Robert Laffont, 2013.
Zazzo René, Le Paradoxe des jumeaux (précédé d'un dialogue avec Michel Tournier), Éditions Stock, 1984.
Zeland Vadim, Transurfing, Éditions Exergue, 2010.

國家圖書館出版品預行編目 (CIP) 資料

想太多也沒關係 ── 實戰篇 / 克莉司德 . 布提可南 (Christel PETITCOLLIN) 著 ; 楊蟄翻譯 . -- 初版 . -- 新北市 : 大樹林 , 2017.08
面 ; 公分 . -- (心裡話 ; 2)
譯 自 : Je pense mieux : vivre heureux avec un cerveau bouillonnant, c' est possible!
ISBN 978-986-6005-67-1(平裝)

1. 自我實現 2. 人際關係 3. 思考
177.2 106009035

心裡話 02

想太多也沒關係——實戰篇

作　　者／克莉司德 ・ 布提可南（Christel PETITCOLLIN）著
翻　　譯／楊蟄
編　　輯／黃懿慧
校　　對／邱月亭、李麗雯、黃懿慧
排　　版／菩薩蠻
封面設計／葉馥儀設計工作室
出 版 者／大樹林出版社
地　　址／新北市中和區中正路872號6樓之2
電　　話／(02) 2222-7270
傳　　真／(02) 2222-1270
網　　站／www.guidebook.com.tw
E- mail／notime.chung@msa.hinet.net
Facebook／www.facebook.com/bigtreebook
總 經 銷／知遠文化事業有限公司
地　　址／新北市深坑區北深路 3 段 155 巷 25 號 5 樓
電　　話／(02)2664-8800・傳　　真／(02)2664-8801
本次印刷／2018 年 08 月

定價／290 元　　ISBN／978-986-6005-67-1

Bigtree

www.guidebook.com.tw

Bigtree

www.guidebook.com.tw